子どもの未来とお母さんシリーズ①

子育てがうまくいく、とっておきの言葉

「母親力」がもっと身につく

ほんの木【編】

ほんの木

まえがき――子育てがもう少しだけうまくいきますように

「子どもをうまく叱れない」

「どうやればもっと子育てがうまくいくんだろう?」

「子どもの気持ちがわからない」

「あの方法とこの方法、ホントはどっちの方がいいの?」

「子どもを怒ってしまって落ち込んでいる」

「どうしてうちの子はできないの!」

「こんな時はどうしたら……?」

「反抗期で困っている」……。


お母さんやお父さんは、ものすごく子育てをがんばっています。でも、子育てへの悩みはつきません。

子育てはいつの時代も大変なことですが、誰もが忙しく、子育て環境が十分に整っているとは言えない今の日本社会のなかで、わが子を健やかに育てるのは容易なことではありません。いつの時代にまして、強いプレッシャーがかかっているなかで、一生懸命に子どもと向き合っているのがいまのお母さんやお父さんだと思います。

そうしたお母さんやお父さんの心を少し楽にして、もう少し子育てが上手になれるような81の「とっておきの言葉」を集めてみました。言葉を寄せてくれたのは、小児科医や食の専門家、脳の研究家、幼児教育家や保育士など29名の方々です。

ハッとする言葉、ほっとできる言葉、元気になる言葉、なぐさめられる言葉など、きっとあなたの心を捉《とら》え、子育てがうまくいく言葉に巡り会えると信じています。

すべて1～2頁でまとめてありますので、どこから読んで頂いても結構です。たまたま開いた頁、興味をもったところから読み、思い立った時に、実行できそうなことを一つでも始めていただければと思います。


なお、この本の81の言葉は、ほんの木既刊「子どもたちの幸せな未来」シリーズから編集部で構成を行い、29名の方々のご了解を頂いてまとめました。

ほんの木では今後とも、子育て、育児、教育問題についての独自の本づくりに取り組んでいくつもりでおります。どうぞよろしくお願い致します。

競争のない教育と子育てを考えるブログ　http://alteredu.exblog.jp/
ほんの木ホームページ　http://www.honnoki.co.jp/

ほんの木編集部

2008年7月

まえがき……2

ルール①基本のルール
子育てに無理は禁物。失敗しながら少しずつ上手になればいい。……9

子育てが下手でも恥ずかしくない、みんな下手からスタートです。（正高信男）……10
理想的な子育てなんてありません。（毛利子来）……11
よい「おおい」をつくりましょう。（吉良 創）……12
子どもと向き合うとは、子どもと一緒にいること。（高久和子）……14
「助けて」「教えて」と言えると親は子育て上手。（汐見稔幸）……16
短くても、まったりゆったり過ごす時間を。（高木紀子）……17
子どもと一緒にいる時は、意識して時間的な余裕を。（吉良 創）……18
真向き、横顔、後ろ姿で子育てを振り返ってみる。（森田ゆり）……19
子どもは、自分と一緒にいることが幸せな人に育てられたい。（佐々木正美）……20
「天才」に育てるより、「幸せな人間」に育てよう。（小西行郎）……22

ルール②自己肯定感を育てるルール
自分をありのまま受け入れられた子は、他人も受け入れられる。……25

子どもの心には「石」ではなく、「ミルク」を。（高橋弘子）……26
「いま」を幸福に生きている子は、生き生きしています。（佐々木正美）……28
子どもをありのままに受け入れましょう。（吉良 創）……29
子どもの中に共感を育てるか、反感を育てるか。（高橋弘子）……30
「ありがとう」「大好きだよ」で親子関係が変わります。（森田ゆり）……32

早期教育は親のエゴです。（吉良 創）……34
自己肯定感のない人は、他人も社会のルールも肯定できません。（佐々木正美）……36
子どもの才能に期待する眼差しが子どもを育てます。（汐見稔幸）……38
心の欲しい子には、心を与えてください。（波多野ミキ）……39
安心の体験と記憶は、生きる力の源泉になる。（森田ゆり）……40

ルール③しつけのルール

自分をごまかさない、子どもに嘘をつかない。子どもは親を見ています。

43
毎日が同じように繰り返されると、幼児は安定します。（吉良 創）……44
「私」「僕」が出てきてからが、しつけの始まり。（堀内節子）……46
眠るには、眠るまでの段取りを大切に。（神山 潤）……47
朝の光は、体のリズムを整える指揮者。（神山 潤）……48
子どもの想いを大切にしながらしつける方法。（堀内節子）……50
しつけは子どもの心に語りかけるように。（堀内節子）……51
子どもは大人の表面だけでなく、その背景も見ています。（吉良 創）……52
絶対に必要な早寝、早起き、朝ご飯と親子の語り合い。（陰山英男）……54
幼少年期に体験した温かさ・楽しさは、生きていく力になる。（西川隆範）……56
家庭のルールは両親で決めて、崩さないこと。（森田ゆり）……58

ルール④ほめ方・叱り方のルール

本気でほめ、本気で叱れば、あなたの心は子どもに届く。

59
子どもを上手に育てるには、ほめるのは7で叱るのは3。（森田ゆり）……60
叱るということは、「それはいけない」という学習。（波多野ミキ）……62

マイナスの言葉で叱らないで。（波多野ミキ）……64
ほめる時は本気でほめてください。（波多野ミキ）……66
危険だからと怒っても、子どもはその意味を理解できません。（堀内節子）……68
大人が嘘を言うと、子どもは言葉への信頼をなくす。（堀内節子）……70
ほめる時は正面から、叱る時は後ろから。（堀内節子）……72
親だからこそ感情で怒ってもいい時がある。（菅原里香）……74
幼児には論理的な説明でなく、いますべきことを伝えます。（吉良　創）……76
怒った後は子どもをちゃんと受け止める。（小西行郎）……78

ルール⑤おもちゃと遊びのルール

子どもが目を輝かせて取り組めることが最もいい遊び。

79
よいおもちゃとは、工夫ができるおもちゃです。（正高信男）……80
幼児にテレビゲームはさせない。小学生でも15分まで。（森　昭雄）……82
テレビを消すと、子どもが変わる、子どもがよく見えてくる。（内海裕美）……84
一日中出かける時は、翌日のフォローも考える。（吉良　創）……85
いろいろな遊びをしている時は、頭が最もよく働いています。（汐見稔幸）……86
遊びは原始なものから始め、だんだんと高度なものに。（内田幸一）……88
本を読むのが好きな子は、知的にも伸びていきます。（波多野ミキ）……90
子どもが飽きるまで、何度でも同じ本を読んであげて。（正高信男）……92
子育ての結果が出るのはずっと先です。（波多野ミキ）……94

ルール⑥困った時のルール
子どもはいつも認められたがっています。 95

反抗期は独立期、発達するためのエネルギー源。（小西行郎）……96
新生児でも、母親の声はきちんと聞き分けています。（正高信男）……98
反抗期の子どもに「イヤ」と言われて怒ったら負け。（波多野ミキ）……100
「なぜ」「どうして」には一言でいいからその場で答える。（波多野ミキ）……102
登園拒否には理由があります。（内田良子）……104
園から帰ってきたら、子どもの顔をしっかり見る。（高久和子）……106
子どものけんかは社会生活の練習。（堀内節子）……107
けんかをした時の気持ちを聞いてあげる。（森田ゆり）……108
4歳くらいまでの習い事では、上達させようと考えない。（汐見稔幸）……110
子どもとの会話は「開かれた質問」で。（波多野ミキ）……112

ルール⑦病気と健康のルール
薬や医者よりも自然な暮らしが健康な体をつくる。 113

病気を治すのは医者でなく、子ども自身です。（真弓定夫）……114
健康な子どもは、大人よりもたくさんの水分が必要です。（真弓定夫）……116
健康の維持は、衣食住の改善から。（真弓定夫）……117
子どもの生命力を高める4つのポイント（西原克成）……118
知っておきたい子どもの健康を守る5つの知恵（大住祐子）……120
病気によって体が整えられることもある。（大住祐子）……122
よい小児科は看板の最初に「小児科」と書いてある。（高草木護）……123

ルール⑧食生活のルール
朝からきっちり和の食事。ジュースとお菓子はやめること。……125
健康面から考えると、主食はご飯が一番よい。（幕内秀夫）……126
子どもの脳を健やかに育てるゴマ、くるみなどの良質の脂肪。（東城百合子）……128
肉は1食50グラム程度に抑え、それ以上の野菜や大豆をとる。（東城百合子）……129
清涼飲料水とインスタント食品はとらない。（大澤 博）……130
野菜好きにするには、野菜を育てることから。（東城百合子）……132
朝食は夜型生活の改善から始める。（東城百合子）……133
無理に食べさせたり、偏食を叱る必要はありません。（幕内秀夫）……134
心のない食卓では子どもに心が伝わらない。（東城百合子）……136

ルール⑨お父さんとお母さんのルール
両親の仲の良さは、子どもをまっすぐに成長させる最大の栄養です。……137
集団生活の二つの要素と、家庭の中の二つの愛。（波多野ミキ）……138
母親のスキンシップは信頼と情緒、父親のスキンシップは社会性。（山口 創）……140
子どもの日常生活の中にお父さんが普通にいること。（吉良 創）……142
夫婦が互いを尊重していると、想いは自然に伝わります。（佐々木正美）……144
おうかがい症候群になっていませんか？（青山 繁）……146
人間らしく生きている親が子どもは大好きです。（波多野ミキ）……148
子どもはまわりの世界を信頼しています。（高橋弘子）……150

「とっておきの言葉」を寄せてくれた方々……151

装幀 渡辺美知子
イラスト うつみのりこ

子育てに無理は禁物。失敗しながら少しずつ上手になればいい。

ルール①
基本のルール

子育てが下手でも恥ずかしくない。みんな下手からスタートです。

正高信男
Masataka Nobuo

「子育ては愛情さえあればうまくいく」「どんな女性でも子どもを生むとその母性愛が働いて子育てはできるはず」と言われます。子育てに愛情は大事ですが、愛情があるからといって子育てがうまくできるものではありません。愛情と同時に必要なのは経験と技術です。

現在、自分の子どもを生んで初めて幼い子どもに接するという母親が、6人に1人くらいいると言われています。大人になるまで幼い子どもと接する機会がないまま母親になる人が増えているのです。それなのに「母親だからできるはず」というと、できなかったら「私には愛情がないのか」ということになります。

最近、子どもを虐待《ぎゃくたい》したり殺してしまう親がニュースをにぎわせていますが、そうした親に一方的に「あなたは子どもへの愛情がないのか」といったら、それは気の毒です。愛情はあったのかもしれません。けれど、赤ちゃんに一度も接したことがなく、まわりからの助けもなければ、うまく子育てをしようとしても無理です。それは恥でもなんでもありません。全ての人が下手からスタートするのです。下手だという事実を素直に受け入れて、恥ずかしがらずに誰かに尋ねたり、同じくらいの子どもを持っている母親と相談して、みんなで上手になっていけばいいのです。

基本のルール 2

理想的な子育てなんてありません。

毛利子来
Mori Taneki

ぼくが子育てについていつも言っていることは二つです。

一つは、子育ては親の「性分《しょうぶん》」でしかできないということです。きちんとやりたい人に「もっと手を抜いてやりなさい」と言ってもできませんし、几帳面《きちょうめん》じゃない人に「もっとちゃんとやりなさい」と言っても無理です。

ぼくは子煩悩《ぼんのう》でしたが、ぼくのかみさんはスパルタ式でした。でも、ぼくたちの性分が違っていたから、母親に叱《しか》られた子どもはぼくのところに来て甘えられたのです。子どもは「うちの母親はきついな、父親は甘ちゃんだな」などと思いながら親を好きになるものです。

もう一つは「生活事情」です。会社の業績が上がって収入が増えた時の子育てと、会社がつぶれたり首になった時の子育てでは、同じ親でも全く違うはずです。経済事情も違いますし、それぞれの地域の事情によっても子育ては違うはずです。子育てはその事情に応じてやるしかありません。子育ては自分の性分と事情に応じてやっていればいい。専門家や国の指導は「そういうこともあるかな」と話半分くらいに聞いて、言われた通りにしようと思わないことがよい子育てです。「私はこういう子どもに育てたい」という個人の理想はあるでしょうが、理想的な子育てはあり得ないと思います。

よい「おおい」をつくりましょう。

吉良 創
Kira Hajime

子どもが生活する環境について、私は、子どものための「おおい」ということを考えています。子どもが自分の体をつくっていく時に、よい影響を与えるものとそれを妨《さまた》げるものがあって、よいものを与えると同時に、そうではないものが子どもの生活に入ってこないようにする、それが「おおい」です。たとえば、野菜なら農薬のかかっていない方がいいわけです。赤ちゃんは自分で着るものも、離乳食も選べません、すべてが親にゆだねられています。悪い物が入らないようにする「おおい」、いわば〝子どもを守る盾《たて》〟としての「おおい」は、子どもが小さければ小さいほど必要になります。食品だけでなく、衣食住、生活に直接かかわるものすべてと関係します。

現代社会に暮らす私たちは、数々の刺激に囲まれて暮らしていますから、そうした刺激に麻痺《まひ》させられています。大人の場合は、ある程度意識的に自分を閉じることができますが、幼児にはまだそれができません。子どもの生活、子どもの健《すこ》やかな成長発達に必要ないものを選択するフィルターは親の役割であり、そのフィルターも子どもを守る「おおい」となります。

子どもが生活している場所に子どもが触《ふ》れてはいけない物を置いておいて、それに子どもが触《さわ》ると「だめ！」と言って怒るお母さんがいます。そこに置けば子どもが触ることがわかっているのですから、子どもの手の届かない場所に置くというように、ちょっと変えるだけで子どもはそれを触らなくてすむし、お母さんも怒らなくてすみます。これも一つのものを動かすことで〝守られた空間〟が生まれます。

「おおい」です。

基本のルール 4

子どもと向き合うとは、子どもと一緒にいること。

高久和子
Takaku Kazuko

お母さんたちに「単純なことでいいから、お子さんと向きあってくださいね」と言うと、「子どもと向き合う」ということがわからないお母さんがいます。「子どもと向き合う」というのは、子どもと一対一で向かい合うことと勘違いをしているのです。

台所でご飯をつくる時に、時間があれば子どもを見ながらご飯をつくることができます。子どもも安心して遊ぶことができます。家事をしている時に、子どもが「ママ、○○をして」と言ってきても、時間があれば手を離して行くことができますが、時間がなかったらたぶん行けないでしょう。

子どもと向き合うということは、たとえば、こういったことだと私は思います。

お母さんは家の中でいろいろな仕事をします。家事をすることもあれば、自分の好きな編み物や本を読むこともあるでしょう。そういうさまざまな仕事をしながら子どものそばにいることができる、それが子どもと向き合うということです。

子どもが園で疲れていた時に、一緒に早く帰ってゆったりさせることは子どもと向き合うことです。家事を終わらせ、ゆっくり子どもと一緒に散歩に出て「夕陽がきれいだね」と言うのも、買い物に子どもと一緒にゆっくり行くことも子どもと向き合うことです。

お母さんの生活と一緒に子どもが生活することが、子どもと向き合うということです。

ときどき、「時間が足りなくて」というお母さんがいますが、それは時間の割り振りがうまくできないということです。あるいは、自分には何ができて、何ができないのかということがわかっていないのかもしれません。全ての仕事をきちんとこなそうと思いすぎているのかもしれません。

子どもと向き合うということは、時間をうまく割り振って、お母さん自身も子育てを楽しむことができる、ということです。

「助けて」「教えて」と言える親は子育て上手。

汐見稔幸
Shiomi Toshiyuki

現代のように子どもを親だけで育てるということは、人類の歴史の中でこれまでなかったことです。ですから、子育てを楽しく上手にやるには、できるだけいろいろな人の知恵をもらうことです。困った時にはいろいろな人の知恵を借りる、場合によっては手も足も借りる。それは恥ずかしいことでもなんでもなく、当たり前のことです。

「助けて」と言えたり、「お願いだからちょっと教えて」と上手に言える人は子育て上手な人です。助けてもらえる人が近所にいなければ、子育てを一緒にやりませんかというサークルやサロンやグループを探してみましょう。そういう場所は緊張するとか、疲れるからとか、自分と合わなそうな人がいるから行きづらいという人もいると思いますが、そうやって孤立することと、最初は違和感があっても自分に合う人が見つかるまでがんばっていくことでは、結果としてはずいぶん大きな違いになります。

その際には、自分から関係をつくっていく努力も必要です。自分の中のわだかまりやイライラを外に出せるようになると、自分のつれあいに今まで以上に本音が言えるようになったり、楽につきあえるようになってきます。子育て中にサークルやサロンで自分の思いをさらしたり人の話を聞くことは、夫婦関係にも子育てにもプラスになります。

短くても、まったりゆったり過ごす時間を。

高木紀子
Takagi Noriko

子どもと接している時間は、量ではなくて質ですから、必ずしもずっと一緒にいるのがいいわけではありません。短くてもいいから〝いい時間〟を確実に過ごすことです。たとえば、仕事から帰ってきて、ご飯食べてお風呂入って歯を磨《みが》いて寝るというルーティン（日課）の中で、子どもと一緒にゆっくりお風呂に入り、一緒に「気持ちいいね」といいあうとか、ご飯はありあわせかもしれないけれどデザートには季節の果物《くだもの》を食べながら、「今年のは甘いね」などといいあうといったことです。特別な何かをするのではなく、もっと素朴な体験でもいいのです。一緒に何かができるような時間を大切にしてほしいです。

保育園や幼稚園から帰ってきた子どもに「今日は何があった？」「今日はどうだった？」と聞くお母さんがいますが、子どもはすぐに本音が出ません。一緒にお皿を運んだりしている時に、「あのね、今日ね、じつはね」なんて、そこで初めてぽろっと話が出るものですし、一緒にお風呂に入って背中を流して「こんなとこが蚊《か》にさされているじゃない」とかいいながら、まったりゆったり過ごす。

そんな時に「お母さん聞いて、ほんとは保育園いやなんだぁ」なんていう話が出てくるのだと思います。そんな時間が実は質の高いひと時です。

子どもと一緒にいる時は、意識して時間的な余裕を。

吉良 創

子どもと一緒にいる時は、時間的な余裕をつくることが大切です。たとえば、10時のバスに乗るとしますと、お母さんには自分の子どもが準備にどのくらいの時間がかかるかわかっているのですから、その時間プラスちょっとくらいの余裕を持って出かける準備を始めれば、自然にその時間に出かけられるわけです。

ところが、ぎりぎりになってから「早くしなさい、出かけるわよ」とやってしまう時に限って、子どもが何かをこぼしたり、トイレを失敗したりとかいったことが起こります。

幼児のまわりにいる大人は「次はこれ、その次はこれ」という時間のあり方ではなく、もしもこれができなくても大丈夫、落ち着いてゆっくりやっていけばいいんだというくらいの余裕があってちょうどよいのです。

幼児には「いつまでにしなければならない」という期限や〆切りのようなものは何もないはずです。

基本のルール 8

真向き、横顔、後ろ姿で子育てを振り返ってみる。

森田ゆり
Morita Yuri

時々、自分は親として子どもに対してどんな姿で向かい合っているかを振り返ってみましょう。その時には、幼児教育の先達《せんだつ》、倉橋惣三《くらはしそうぞう》先生の言葉である「真向き」「横顔」「後ろ姿」の3つの態度を参考をしてみてください。

「真向き」とは親が子どもの話に耳を傾け、質問に答え、会話を交わし、気持ちを通わせ合っている姿。「横顔」は、子どもにかまってあげられない忙しい姿。「後ろ姿」は信念や強い思いなど、軽々しく言葉にはできませんが、生きる姿勢や真摯《しんし》さを感じさせる姿です。

常に子ども向かい合って、がみがみ言ってしまっているなあと思う人は、もうちょっと自分の生き方を見ていて欲しいと思うかもしれません。逆に、忙しくて前から向き合ったことがないなあ、と気が付く人もいるでしょう。

あなたの親の真向き、横顔、後ろ姿を思い出してみてください。そして、あなたはどの姿で子どもと向き合っているか思い返してみましょう。

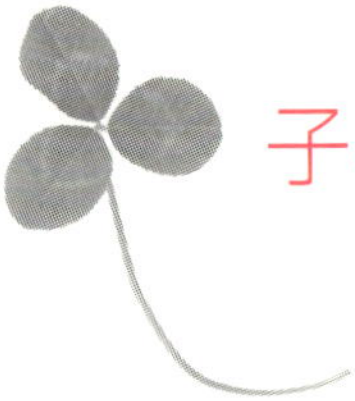

子どもは、自分と一緒にいることが幸せな人に育てられたい。

佐々木正美
Sasaki Masami

私たちは普通、近隣とのつきあいや、自分の両親や兄弟姉妹、配偶者の両親や兄弟姉妹とのつきあい、仕事上の知人や学生時代の友人といった、いろいろな人間関係を持っています。そうした人間関係の中で、波長の合う人と濃厚なつきあいをし、合わない人とはほどほどに、しかし相手の尊厳を害さない程度のつきあいをするという取捨選択をしながら生きています。

私たちはそうした人間関係を通して、人間関係の調和の仕方を学びます。そして、そうした経験を通していつの間にか修練された人間関係の調和の仕方が、幼いわが子との関係にも向けられるのです。

人間関係がほとんどない状態で育児をしている人は、人間関係が不器用なだけでなく、親子関係も難しいことが多いのです。

さらに言えば、子どもとの関係は、親が成長する過程で人と調和することの喜びを経験しているかどうかが大切になります。親自身が、いろいろな人間関係のおもしろさ、楽しさ、くつろぎの体験、人間関係の中の居心地のよさをいくつも体験していないと、子どもと一緒にいることが幸福に感じられないのです。それは「子どもを愛せない」という言葉の裏返しです。

子どもは、自分と一緒にいることが幸せだと思ってくれる人に育てられたがっています。自分と一緒にいることを幸福だと感じてくれる人が、自分を育ててくれることをうれしく思うのです。親であろうとなかろうと、そう思ってくれている何人もの人に育てられるのが、子どもにとっては一番いいことです。

「天才」に育てるより、「幸せな人間」に育てよう。

小西行郎
Konishi Yukuo

親にとって、子どもが何か新しい能力を身につけ、与えられた課題を次々とこなしていくことは嬉《うれ》しいことです。しかし、無限に伸びることだけが発達ではないと思います。「優れた能力を発揮して欲しい、他の子どもより賢くあって欲しい」と願う気持ちはわからなくはないのですが、「そうでない子はダメ」という意識に繋《つな》がりかねません。

人は上に伸びる喜びと同時に、幅を広げる楽しみも知っています。肝心なことは、子どもを「天才に育てる」ことではなく、「幸せな人間に育てる」ことだと思います。どんな子どもであっても、ありのままに人生を幸せに送ることができれば、それこそが素晴らしいのだと思います。

木が上に伸びながらも横に葉を茂らせたり花を咲かせるように、縦にも横にも広がっていくことが、本来の子どもの発達であると私は思います。そうした個々の発達の広がりは、おそらく知能指数などには表れてこないものでしょう。しかし、親は、子どものその広がりを実感できるでしょうし、そこにこそ子どもをトータルに見ることの楽しさがあるのだと思います。

現代の日本もまた上へ上へという社会であり、そのことが人々の「生きにくさ」をつくっているように思います。大切なのは個人の幸せなのか、地域の幸せなのか、社会全体の幸せなのかと考え始めることが、上へ上へという子どもの発達への考え方や、いまの社会のあり方を変えることにつながっていくのだと思います。

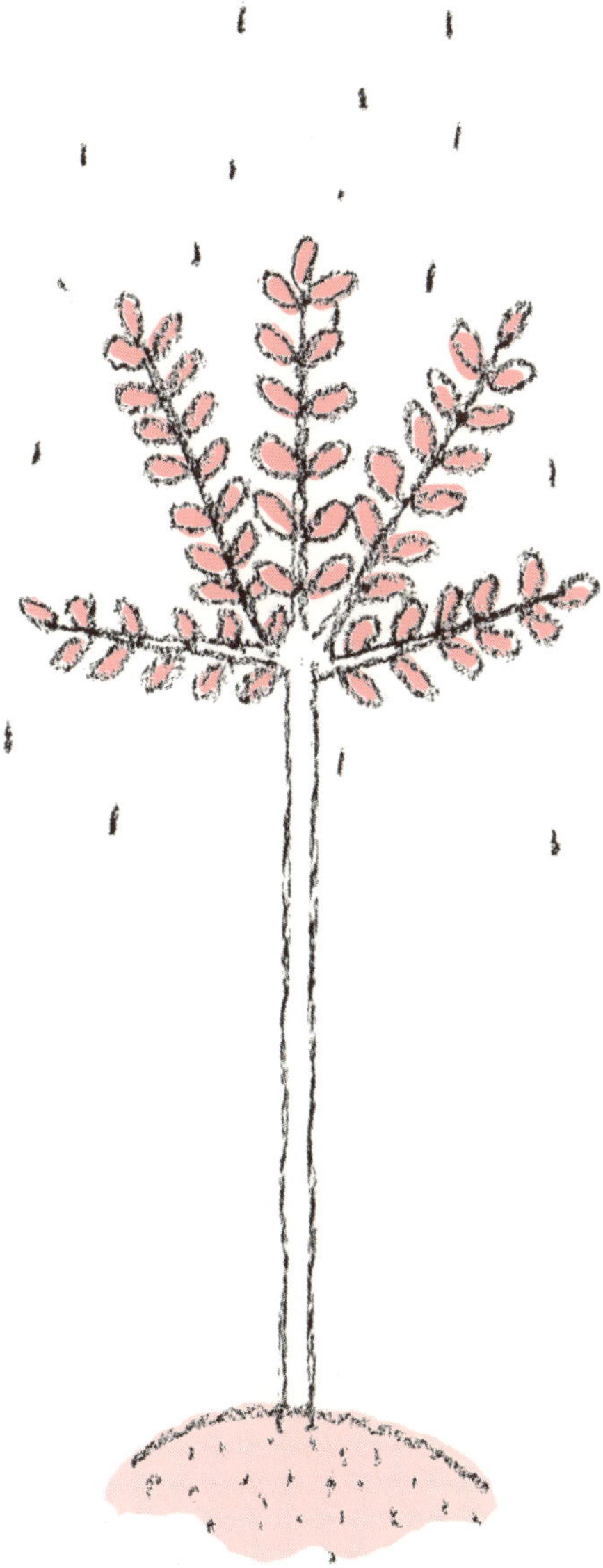

自分をありのまま
受け入れられた子は、
他人も受け入れられる。

ルール②
自己肯定感を育てるルール

自己肯定感を育てるルール 1

子どもの心には「石」ではなく、「ミルク」を。

高橋弘子
Takahashi Hiroko

幼児期は肉体を育て、意思を育てる時期ですが、早期教育やフラッシュカードをやっている子どもを見ればわかるように、子どもに記憶させようとすればいくらでも記憶します。しかし、まだ体ができていない幼児期に記憶をさせたりして頭を使わせると、本当に育てなければいけない肉体や脳や内臓の諸器官を育てる力が弱くなって、十分に育たなくなってしまいます。

私の知人であるシュタイナー学校の校医をしているドクター・メラーは「いまの人間は子どもの心にミルクを与えるのではなく、石を与えている」とおっしゃいました。どんなに美しい音楽でも、電気的に計測すれば単なる音波に過ぎません。それが鼓膜《こまく》を通して内耳にきた途端《とたん》に、なぜ美しい音楽になるのでしょうか。

子どもの耳に美しく響く音、鼓膜に響いて内的にちゃんと体験できる音になるためには、そういう耳を育てなければなりません。本当に耳を澄ませて聞かないと音楽は聞こえてきません。内面の音にならないのです。まず、鈴の音や風のそよぎ、雪の降る音、そういった自然の密《ひそ》やかな音を聞くことによって「音が聞ける」ような、自我の心が育つのです。

子どもの中に自我が育ち、興味を持てればちゃんと聞けるようになりますが、いつもラジオやCDががんがん鳴っていたり、テレビが鳴っていたりすると、子どもは音に注意しなくなります。まわりの音に対して無関心になって、人の話も聞けない子どもになってしまいます。〈あいうえお表〉を指さして「これは何?」と聞くと、子どもはママを喜ばせようと一生懸命に考えますが、それでは心にミルクが入ってきません。そこには、ぬくもり、美しいもの、密やかなるものはありません。テレビやラジオの音もミルクでなく〝石〟なのです。

「いま」を幸福に生きている子は、生き生きしています。

佐々木正美

親は子どもの将来を幸福にしようとします。けれども、子どもの将来を思うあまり、いまの幸福を犠牲にしてしまったら、子どもは将来の夢や希望を持てなくなってしまいます。

ある写真家が戦火のさなかのアフガニスタンに行って、「明日をもしれない生命なのに、なぜ子どもはあんなに生き生きと輝いていられるのか」と言いました。

私は「いまが幸福だからですよ」とつぶやきます。

その子どもたちはいま仲間と楽しい遊びをしている、いまという瞬間を幸福に生きているから生き生きしているのです。

子どもはいまが幸福でなければ生き生きと輝きませんし、将来に夢や希望は持てません。

「いまは苦しくても、がんばっていれば将来明るい希望があるから」というのは大人の感覚です。

自己肯定感を育てるルール 3

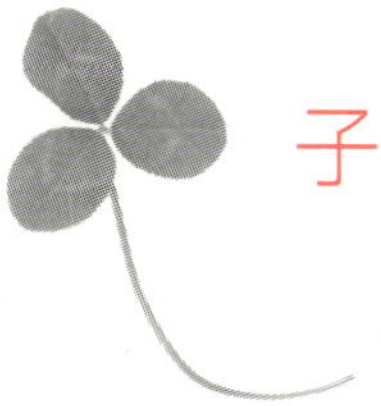

子どもをありのままに受け入れましょう。

吉良 創

その子どもをありのままに受け入れること。その子が行儀がよいとか、大きな声で挨拶《あいさつ》ができるとか、絵本を読むことができるとか、楽器が弾《ひ》けるとか、他の子どもに噛《か》み付かないとか、すぐに泣くとか、寝つきがよいとか、夜泣きをしないといった目に見えることがいいか悪いかを超えて、「君は君のそのままでいいんだよ」「ゆっくりでもいいんだよ」というところで向かい合い受け入れると、子どもの目に見えない質の部分が、輝き、健《すこ》やかに育ち始めます。

子どもに対して余計なことを何もしないで、子どもに何かをさせようとする言葉でのアプローチを少し控《ひか》えて、子どもをあるがままにさせてあげる中で、その子どものなすべきことを大人がたんたんと行為している。

難しいことかもしれませんが、その子どもの近くにその子どもの全存在をありのままに受止めてくれる人間がいるということを、子どもが無意識に感じると、その子どもならではの輝きが広がり始めます。

親も教師も究極の姿は、そこにいるだけで子どもたちが自然によい状態になり、遊んだり学んだりし始めるようなありかただと思います。外からの何らかの基準ではなく、子どもがその子どもとしてよい状態で健やかに育っていけるような環境づくりが大人の仕事です。

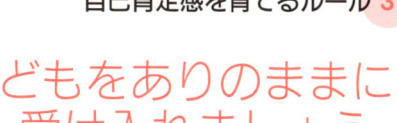

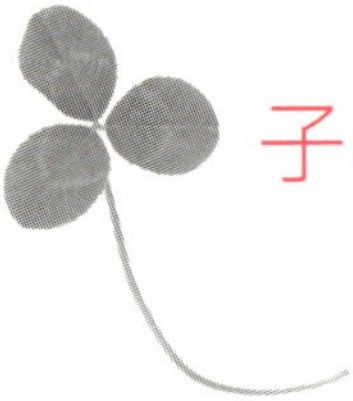

子どもの中に共感を育てるか、反感を育てるか。

高橋弘子

小さな子どもの中に共感を育てるか、それとも反感を育てるかということは、その後の成長に大きな影響を与えます。いつでも自分の好きなことをやり、嬉《うれ》しくてしょうがない毎日を過ごしている子どもには、「共感」のこころが育っていきます。好きなことをしていると嬉しいから共感が出てくるわけです。

ところが、「あれをやってはいけない、これをやってはいけない」といろいろな規則でがんじがらめの状態で育った子どもの中には「反感」がつのっていきます。「いやだなあ」「いらいらする」という感じです。あるいは、幼いうちから厳しい勉強をさせたり、文字を教えるといった知的な認識教育を行うと、反感を育てます。

幼児にとっては「こうでなければならない」というふうに、あまりに線がくっきりしているものは好ましくありません。水彩画のようにもっとやわらかく、お日さまが昇ってくる朝焼けのような、夢のような世界が適しているのです。

もちろん、人間が成長していく過程には共感だけでなく反感も必要です。しかし、共感と反感はバランスよく育たなければなりませんし、幼児期には主に「共感」を育て、成長にともなって徐々に「反感」も育っていくという形が望ましいのです。また、「反感」を育てていく場合には、たくさんの宿題をこなすような抽象的な概念によるのではなく、実際の体験から育てていけば、それほどあらわな反感は出てこないものです。

いま、日本は社会全体がイライラしていて、反感にあふれているように見えます。反感の強い子どもたちが増えているのも、そうしたいまの大人のあり方そのものを反映しているのだと思います。

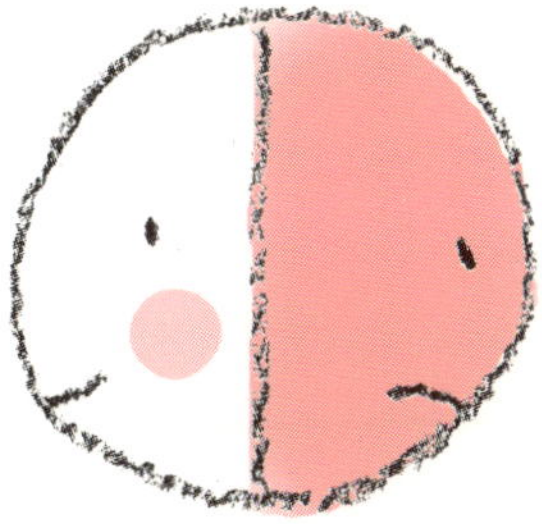

自己肯定感を育てるルール 5

「ありがとう」「大好きだよ」で親子関係が変わります。

森田ゆり

愛は何らかの形で表現しないと伝わりません。一緒にいれば自分の思いは伝わるはず、親が子どもを愛しているのは当然だから、子どももその思いを受け止めているはずだ、というのは必ずしも事実ではありません。

面と向かって愛を率直に表現するもっとも便利な言葉は「ありがとう」です。心の中では感謝していたけれど相手には全然表現してなかったと気づいて、実際に「ありがとう」「あなたのことが大好きよ」とひとこと言うことで、親子関係が画期《かっき》的に変化していく人がたくさんいます。

子どもへの愛の伝え方は、何かをしてくれたからではなく、「生まれてきてくれてありがとう」「私の子どもでいてくれてありがとう」ということです。

でも、そんなことをいつも言っていたら気味悪がられるでしょうから、子どもに「ありがとう」と言ってないと思う人は、それを伝える場面をつくってみましょう。

何か小さな仕事をつくったり、何かを持ってきてもらい、「ありがとう、お母さん、本当に助かるわ」と伝えるのです。

家庭がほっとできる場であることも子どもへの愛情表現の一つです。

誰かがまぬけな失敗をしてたことを、家族みんなで笑いあうことができますか？

おどけた子どもを「なんですか、ふざけて。すぐにやめなさい」というのではなく、笑える余裕を持って子育てをすることが家庭を安心できる場にするのです。

早期教育は親のエゴです。

吉良 創

早期教育はなぜ必要なのでしょうか。何に対して早期なのでしょうか。そしてその早期教育は誰が必要としているのでしょうか。

早期教育は子どもの意志で、子どもが欲しているからするものではありません。大人からのアプローチや何らかの外からのきっかけがなくて、純粋にその子どもが自分の意志で早期教育を望むことはないでしょう。

後になって楽になるように、先にやってしまえばよい。自分が学生時代苦労したから、子どもにはその苦労は味あわせたくない。よい学校に入るため。よい大学に入って、よい会社に入って……。いろいろな観点から子どものために、早期教育が行われます。そこには愛する子どものためにという、親心が働いています。

しかし、本当にその子どものことをよく見て、ありのままの姿を受け入れて、本当にその子どもが必要としていることは何か、ということに目を向けることが欠けてしまっているのではないかと思います。そこには親のエゴがあります。

子どもは「今」を生きています。将来どうなるからとか、前はどうだったかということに意識は向かいません。そして幼児にとっての「今」の課題は、学校に入ってから学ぶことを、あるいは次の成長発達の段階になってから学ぶことを「先取り」することではなく、幼児として生きることであり、幼児として遊ぶことであり、健《すこ》やかな身体を育んでいくことなのです。

子どもの身体が育つ幼児期には、感情や明るい意識はまだ胎児の状態です。どんなに早期教育がよいといっても、未熟児の状態で「早産」させようとする人は誰もいません。胎児がお母さんの子宮の中で十分に育ってから生まれてくることが大切であることを私たちは知っています。

それを知っている大人が、赤ちゃんが生まれた後は、もう少したってから生まれたり育ったりすべき能力を、意識的にいろいろな種類の促進剤を使って、「早産」させようとする、それが早期教育なのです。

自己肯定感のない人は、他人も社会のルールも肯定できません。

佐々木正美

２００４年６月１日、長崎県佐世保で少女が同級生の少女を殺すという不幸な事件がありました。２日後の６月３日に児童相談所を通じて出た加害者の保護者のコメントを、私は忘れることができません。

「あの子は問題なく育った子でした。がんばりやで忍耐《にんたい》強い子でした。学業成績もよかったんです。ただ優柔不断な子どもに見えました。ノーと言えない内向的な子に見えました」

子どもが親にノーと言えなかったのは、親が聞く姿勢がなかったからでしょう。あるいは、親がノーと言いたくなるようなことを子どもが言ったり、やったりしたら、とても不快な顔をしたか、叱《しか》ったことがあったのでしょう。

親にノーと言えない子どもは、どこでノーと言えばいいのでしょうか。結果として、子どもは自分で自分を否定しなければなりません。自己肯定感のある人は他者も肯定しやすい。自己肯定感のない人ほど、他者を否定するものです。自己肯定感がない人は他人を肯定しませんし、社会のルールを肯定できるはずがありません。

自己肯定感を育てる基本は「子どもの言うことをよく聞いてあげること、子どもの希望を受けれてあげること」だと思います。それは甘やかしではありません。抱《だ》っこしたいと言えば抱っこしてあげる。お風呂に入って遊びをすれば一緒にちょっとしてあげる。それによってちょっとくらい時間がのびてもいい、というくらいの気持ちでいてあげることです。

　その役割を第一に担《にな》うのはお母さんだと思います。けれども、それをお母さんができるには、お母さん自身が夫から肯定されているという強い自信、信頼感を持っていなければならないと思います。

子どもの才能に期待する眼差しが子どもを育てます。

汐見稔幸

子どもの才能を引き出すことは、たやすい作業ではありません。どういう潜在的な能力が隠れているかというのは、それほどすぐに見えるわけではありません。いろいろな教室に行かせれば、どれかが育つだろうというのは幻想です。しかし、この子は理科系タイプだとか、芸術系のタイプだというある程度の芽は幼児期にも出ています。

大切なことは、子どもにいろいろな体験をさせてあげた時に、この子にはこういう能力があるんじゃないか、こういう才能があるんじゃないかと見抜く、親の冷静な眼差《まなざ》しがあるかどうかでしょう。

親馬鹿かもしれませんが、この子にはこういう能力があるはずだという想いをかけていくことが、実はその子の才能を育てるということではないでしょうか。親が「うちの子にはこういう力があるんじゃないか」という見方をしていないのに、その子の才能が伸びるということは通常はないと思います。

人間の潜在的な能力が社会に出た時に、どう花開くかは幼児期ではわかりません。でも、ある種の性格のような形としては出てきています。それを、あれがあの子のいいところかもしれない、あれを伸ばしてあげたらよい人間になるかもしれないと見て、期待してあげる眼差しが子どもを育てるのです。

心の欲しい子には、心を与えてください。

波多野ミキ
Hatano Miki

子どもが甘えたいとそばに来たのに、「いま忙しいから、あっちに行ってなさい」「おりこうにしていたら、あとでおもちゃを買ってあげるから」などと追いやってしまう親がいます。抱《だ》っこをして欲しいと思っていたのに物を与えられると、自分は本当は親のぬくもりが欲しかったのだ、ということに気づかないまま過ごしてしまいます。

心が欲しかったのに物が与えられると、その子は親の愛情が確認できずにわがままになります。親は可愛がっているつもりですが、子どもは親に受け入れられていないと感じ、心はさびしいままです。

心の欲しい子どもには心を与えてください。短い時間でも、しっかり抱きしめ、よく話を聞き、子どもの心に沿って喜んだり、悲しんだりしてください。そして、子どもが約束を破ったり、間違ったことをしたら本気で叱《しか》ってください。子どもをまるごと受け入れてほめて励《はげ》ます、そうすれば、叱っても素直に子どもの心に入っていきます。

子どもが甘えたいと思って親のもとに来た時にしっかり抱っこをする。話を聞いて欲しいと思って来たら、どんなことであっても叱ったり、批判をするのではなくまず耳を傾けてください。甘えさせるということは、子どもを受け入れることです。

自己肯定感を育てるルール10

安心の体験と記憶は、生きる力の源泉になる。

森田ゆり

しつけの目的は、自分で考え、自分で感じ、自分で選択して社会の中で自立して生きていくための大まかな力を育てていくことです。しかし、現実にはこの目的と全く逆なことをしている場面がたくさんあります。よく目にするのは「これはしてはだめ」です。「してはだめ」なことはたくさんありますが、「してはだめ」ばかり連発することは、「あなたは選ばなくていいのよ」「もう決められているからそれに沿って生きなさい」というメッセージを伝えていることになり、子どもが自分で考える機会を奪《うば》ってしまいます。

大人でも子どもでも、一人ひとりの中にはいろいろな力があります。しかし、競争社会の価値観の中で、人を押しのけてでも競争に勝てないと自分はだめな存在だ、もっとがんばらなければと思い込まされています。

ある人は常に自分を叱咤《しった》激励《げきれい》して何者かになっていきます。そして、自分が何者かになった人は、しばしばそうなれない人を見下し、それぞれの人が本来持っている力を発揮するのを、阻《はば》んでいきます。誰もがみんな本来は素晴らしい力を持っているのだというところから出発した時に、初めて、相手も自分自身も持っている本来の力を出すことができます。そのためには、「わたし」をあるがままに受けていてくれる他者との関係が、なければなりません。子どもにとって保護者に無条件で受け入れられる安心の体験と記憶は、生きる力の源となります。

自分をごまかさない、
子どもに嘘をつかない。
子どもは親を見ています。

ルール③
しつけのルール

毎日が同じように繰り返されると、幼児は安定します。

吉良 創

幼児教育でとても大切なことの一つは、毎日の生活のリズムです。たとえば、お母さんが朝ご飯を食べ終わったあとに、まず食器を洗い、洗濯をしてから掃除《そうじ》をするというように、やるべき家事をいつも同じ順番で同じようにやっていると、それだけで子どもはとても安定します。

また、毎日散歩に行くのなら、どの時間に行くのかを決めておいて、帰ってきたらいつもと同じように手を洗っておやつにするとか、寝る前は毎日寝間着《ねまき》に着替えてからトイレに行って、布団に入ったらいつも同じ子守歌を歌う、いつも同じお話をするとかいったこともそうです。常に同じように繰《く》り返される生活のフォルム（型）があると、生活にフォルムとリズムを与え、子どもに安定をもたらします。

逆に、親の気の向くままにやっていると、子どもはそれに振り回されます。子どもは新しい刺激に喜んで好奇心を持ちますが、その時の子どもは驚いて、急に強く息を吸うように緊張した状態になっています。幼児向けのＴＶ番組のように次から次に刺激が出てくると、そのたびに興奮させられて、とても不安定になるのです。

注意していただきたいのは、ここでいうリズムとは時間割ではないということです。息を吸う時は緊張し、吐く時は弛緩《しかん》するように、自分で自由に遊んだ後にはみんなで何かをする時間があったりと、緊張と弛緩が交互になければリズムになりません。こうした生活のリズムを1か月繰り返すと、習慣になって身についてきます。

そしてまた、こうしたリズムで家事をすることは、実はお母さん自身にとっても楽なことなのです。それによって子どものようすをしっかり見る余裕が生まれていきます。

しつけのルール 2

「私」「僕」が出てきてからが、しつけの始まり。

堀内節子
Horiuchi Setsuko

子どもが3歳くらいになると、「私にもちょうだい」「僕だって」と言うように、個々の主張が出てくるようになります。「私」「僕」というように、自分のことを指す言葉が出てきたということは、未熟ながらも自我が出てきたことの表れです。それまでは、物に触《さわ》る、振る、叩《たた》くというように、体を使うことで脳の形成を促していたのですが、だんだんと触ったり、叩いたりしていた「物」で何かをつくりたいとか、これを食べたい、これを鳴らしてみたいというように、自分から働きかけていくようになってきているのです。

それまではお母さんが「わかった？」と言うと「うん」と素直に受け入れ、嬉《うれ》しいことがあれば「きゃっきゃっ」と喜び、悲しいことがあれば泣いていた子どもが「いや」とか「だめ！」と言い出すので、お母さんは「突然子どもが言うことを聞かなくなった」と悩み始めます。また、子どもの主張が強くなってくるので、親も怒りたくなることもあります。しかし、これがしつけの始まりだともいえるのです。

逆に、この時期までは叱《しか》ったり怒ったりしても、子どもにはその意味がほとんどわかりませんから、あまり意味がありません。それまでに叱ったり怒ったりするのは、多くの場合、親が子どもを自分の思い通りにしたいのに、そうならなくて怒っているだけのことです。

しつけのルール 3

眠るには、眠るまでの段取りを大切に。

神山 潤
Koyama Jun

眠るには、眠るまでの段取り（入眠儀式）を整えることが大切です。最近は、子どもが寝間着《ねまき》に着替えないでTシャツでそのまま寝たりするそうですが、寝間着に着替えるというのは大切な入眠儀式ですし、寝る前に翌日の服をそろえるというのもいいでしょう。

あるご家庭では「おやすみツアー」をやっています。寝る前に子どもをだっこをして家中をまわるのです。テレビ君におやすみ、冷蔵庫君におやすみ、電子レンジ君におやすみと順に回って寝かせると、ころっと眠るのだそうです。あなたの家の入眠儀式をつくってあげてください。子どもが眠る部屋は暗くすることも忘れないでください。

夜更《よふ》かし、朝寝坊が慢性的になっている子どもは、それを直さなければなりません。しかし、昨日まで12時に寝ていた子どもを、今日から9時に寝かせようとしてもできるはずがありません。こういう時は、まずは朝早く起こすことから始めるのがポイントです。そして結果的に夜早く寝てくれることを期待するのです。

しつけのルール 4

朝の光は、体のリズムを整える指揮者。

神山 潤

人間のさまざまな生体のリズムは、約24・5時間周期の「生体時計」によって統制されています。地球の周期よりも約0・5時間長く設定されていますから、ほうっておけばだんだん後ろにずれてきます。そこで、私たちの生体時計を地球時間に同調させる必要があります。そのために重要なのが食事や環境で、特に朝の光が大切です。明け方の、体温が最低の直後に浴びる太陽の光には、生体時計のリズムを地球リズムに前進させる作用があるのです。

ところが、最低体温の前に光を浴びる=夜中に光を浴びると、生体時計は昼間と勘違いをして、リズムがさらに後ろにずれてしまいます。つまり、夜中に光を浴びると、夜、寝つきにくくなり、朝、起きにくくなるのです。

人間の身体の中がさまざまな楽器があるオーケストラだとすると、朝の光は指揮者の役割をしているといっていいでしょう。指揮者がいなくても初めのうちはなんとなく演奏していますが、それが長くなると、勝手にばらばらリズムが動き出してしまいます。すると、体温、睡眠と覚醒《かくせい》、ホルモンなど、本来お互いに関係があるべき姿と異なっていき、眠ってはいけない時に眠くなる、作業効率が悪くなる、疲れて食欲や意欲がなくなるなど、体調不良の状態になります。

子どもが午前中だらだらしているからと病院に連れて行って検査をしても、悪いところが見つからないことがありますが、そういう時は、何時に寝て何時に起きているのか、テレビを見ている時間などに注意してみることが大事です。生体時計のリセットは、生後3～4か月でできるようになります。

しつけのルール 5

子どもの想いを大切にしながらしつけする方法。

堀内節子

私たちの幼稚園では朝9時半までに登園することになっていますが、先日、いつも9時45分くらいに来る4歳の子のお母さんから相談を受けました。「うちの子は9時まで寝ているから、ご飯を食べさせて来るとこの時間なんですよ。夜8時には寝かせているんですけれど、こんなに眠っても大丈夫なんでしょうか？」

私は「もう少し早く起きてもいいのでしょうが、子どもの体が要求しているのですからいまのままでもいいですよ。でも、こんなふうにしてみたらどうですか？」と言って、次のように提案しました。

「5歳の誕生日が来るまでは子どもが寝たいだけ寝かせてあげましょう。けれども、『5歳の誕生日が来たら、9時には家を出るから、それまでには起きてご飯を食べようね』と子どもに何度もお話ししてみてください。誕生日を迎えたらそうするんだという思いが満ち、子どもはスムーズにできるようになりますから」とアドバイスしました。

子どもはこのような約束事を大切にし、自分の中で5歳になったら……という思いを膨《ふく》らませていきます。しつけというのは、時間をかけてゆっくり身につけさせていくものです。その場でしつけるだけでなく、生活習慣を身につけていく時には、こうした方法も有効です。

しつけのルール 6

しつけは子どもの心に語りかけるように。

堀内節子

ある時、お母さんと一緒に遊んでいた子どもがちょっとしたケガをしました。私が薬をつけて傷口をきれいにしてあげると、泣きべそ気味だった子どもが嬉《うれ》しそうにニコッとしました。その子がお母さんのところに行くと、お母さんが「よかったね」「ウン」。そしてそのお母さんは「そういう時には『ありがとう』って言うんだよ」と言いました。子どもはもう一度私のところにやってきて「ありがとう」と言いました。私は上手なしつけだなと思いました。

子どもの心が嬉しがっている時に、その嬉しさを表す言葉が「『ありがとう』って言うんだよ」と言ってくれたから、子どもは素直に（そうだ）と思えたのです。もしも、「ありがとうと言いなさい」と強要したら、子どもの嬉しい気持ちと「ありがとう」という言葉がつながらなかったでしょう。しつけで大切なのは、目に入った情景だけを見て対応するのではなく、子どもの心に語りかけることです。

この例で言えば、子どものニコッが何度か重なった後の何回目であってもいいのです。そのタイミングに「『ありがとう』って言うんだよ」と教えてあげたら、「ありがとう」が本当に言葉として意味を持つことになります。「ごめんなさい」や挨拶《あいさつ》について、こんなふうに教えてあげられる機会はたくさんあると思います。

子どもは大人の表面だけでなく、その背景も見ています。

吉良 創

幼児は真似《まね》をする存在ですから、子どもがしてよいことを当り前にしている手本となる大人が、子どものまわりにいることがとても大切です。

あまりよくない例ですが、教師がある子どもに対して怒ったりすると、幼児はその行為を真似して他の子を怒ります。大人がやっていた行為を真似した子どもに「それをやっちゃいけない」と叱《しか》ることは、子どもの存在を否定することになります。幼児期には反面教師はあり得ないのです。少なくとも親は、子どもの前にいる時には常に真似される可能性があるということを知っておくとよいでしょう。

また、子どもは大人の行為を表面的に真似するだけでなく、その行為の背景もちゃんと見ていることも知っておいた方がいいでしょう。たとえば、お母さんが他のお母さんたちとどのように接しているかといったことは、子どもにははっきり伝わります。子どもは大人の世界観、社会観、その人のあり方の質さえ真似するのです。

その一方で、今の子どもたちは、大人の行為と内面が同じであるかどうかに敏感です。大人の行為や言葉がその人としっかり結びついているかどうかをキャッチするのです。

たとえば、砂場などで子どもたちが遊んでいる脇でお母さんたちが

話していて、「さあ、もう片づけなさい、帰るわよ」と言いながら、ずっとしゃべっているところを見かけます。「片づけなさいという言葉」と「片づけるという行為」が一致していませんし、帰るという「言葉」と「行為」も離れています。こうした場合、子どもはその行為を真似しないばかりでなく相手にしなくなります。幼児にとって大切な言葉とは、行為と結びついた言葉です。

しつけのルール 8

絶対に必要な早寝、早起き、朝ご飯と親子の語り合い。

陰山英男
Kageyama Hideo

百マス計算をやると学力がつくと思っている親御さんがいます。しかし、学力は、人間の総体としてのエネルギーのある一つの発露《はつろ》ですから、人間のいろいろな能力の中から学力だけを切り出して、一つの独立した能力としてイメージするのは間違っています。それなのに、睡眠時間を削《けず》って勉強させるのは、切り出した学力をどうやったら鍛《きた》えられるかと考えている証拠です。一夜漬《づ》けでいい点を取るというように、何かに特化するのであればその効果もあり得ると思いますが、中長期的に見れば全く意味がありません。逆に言えば、一夜漬けはその程度のものにすぎないということです。

あるいは、百マス計算は50メートル走ダッシュとほとんど同じです。走力や筋力が強くなるということは確かにありますが、その程度のことなのです。そこを誤解しているために、「百マス計算」という学力を鍛《きた》える特殊な方法があると錯覚をしているのでしょう。

百マス計算の前に、まず絶対にやらなければならないのは早寝・早起き、朝ご飯です。

もう一つ大切なことを付け加えれば、親子のコミュニケーション、語り合いです。最近の脳研究によって、脳が非常に活性化するのは家族とのおしゃべりだということが明らかになってきました。信じられないかもしれませんが、家族とおしゃべりしていれば脳が活性化して、学力が付くというのが真実なのです。

大切なのは、人間としての総体的な能力をどのように伸ばすのかということをしっかり考えることですし、学力の高い子どもの家庭は、そういうところがしっかりしている場合が多いのです。

しかし、「早寝、早起き、朝ご飯はいいことだから、できるようにがんばろう」と自主的に考える子どもはいません。子どもがそうできるようにするのは、親や教師、大人の責任です。

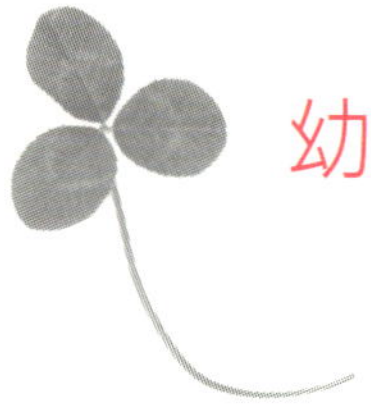

幼少期に体験した温かさ・楽しさは、生きていく力になる。

西川隆範
Nishikawa Ryuhan

子どもは甘やかすと、意志の弱い人間になる可能性があります。大人が感情的に怒ると、子どもは大人の怒りに反応し、叱《しか》られている内容を洞察《どうさつ》できません。

いつも叱られて、びくびくしていると、子どもは不器用になっていきます。厳《きび》しすぎるしつけは子どもを受動的にし、やがて外界に対する関心を失わせ、ついには暴力的な行動に走ることもあります。

叱りすぎると子どもは過敏になり、叱らないと、良心が欠如した人間になります。思想家であり教育者でもあるシュタイナーはいつも、どちら側にも行きすぎない、ほどよい中間をすすめています。

子どもは、親の手伝いをできることがうれしいのですから、「これをしてくれたら、ほうびをあげる」と言う必要はありません。そんなふうに言うと、ほうび目当てに手伝うようになります。叱る時も、罰《ばつ》を与えると、自分の行為のよしあしを考えることなく、罰を恐れて行動を控《ひか》えるようになります。

子どもにとって、大人は確かな判断をする、信頼できる存在であることが必要です。

大人が子どもと同レベルに下りる必要はありません。子どもは大人を見上げて、成長していこうとするものです。その大人が体を使って仕事をすることが少ないために意志が弱っていたり、将来への不安や悲観があると、子どもは落ち着きをなくします。

大人が世間を中傷することが多い場合は、子どもは未来に向かって力強く生きていく気分を持てません。

子どもが自分で判断できる年齢になるまで、大人が模範を示すことが大事です。子どもの言いなりにしていると、子どもは自分の基準とするべき見本がなくて、自分をコントロールできないようになります。

子どもをしつけるには、その子を信頼することから始めます。すると、子どもも親を信頼します。

幼年期・少年期に体験した温かさ・楽しさは、意識の表面から消え去っても、生きていこうとする力として作用しつづけます。

しつけのルール10

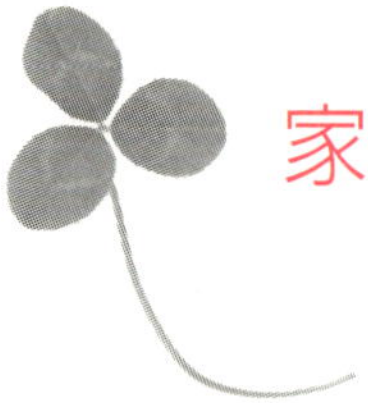

家庭のルールは両親で決めて、崩さないこと。

森田ゆり

夫婦の間で「私たちは何を大切にした家庭をつくっていきたいのか」という話し合いをしたことがありますか。

「わが家は自然が好きだから、しばしばキャンプに行きます」というようなことは、改めて言わなくても共通の価値観となっているかもしれませんが、子育てや子どもとのルールづくりのような場合は、夫婦の間で話し合わないと、子どもに対して母親と父親が違う態度を取ることになってしまいます。

また、もしも子どもの了解のもとで何かのルールを決めた場合は、常に守ることが重要です。特に子どもが小さい時は、簡単にルールを動かしてしまうと全く役に立たなくなります。逆に言えば、安易にルールを決めずに「これだけは」と思うことだけをきっちり決めることです。

子どもは、時にそのルールを崩《くず》そうと試みてきます。そこであきらめてしまうと「言ってもどうせだめなんですよ」になってしまい、「ぶつしかないんです」になってしまうか、子育てがすごく難しく感じられるようになってしまいます。

本気でほめ、
本気で叱れば、
あなたの心は子どもに届く。

ルール④
ほめ方・叱り方のルール

子どもを上手に育てるには、ほめるのは7で叱るのは3。

森田ゆり

昔から子どもを上手に育てるには、ほめるのは7で叱《しか》るのは3と言われています。私もそれはとてもよい覚え方だと思います。子どもは親からほめられ、認められることで自信をつけます。

でも、逆にほめることが子どもにとってマイナスになってしまうこともあります。誰かとの比較でほめるのは最悪のほめ方です。「誰ちゃんよりもあなたはいいね」というほめ方は、誰ちゃんよりもあなたはだめというのと変わりません。

比較や結果ではなく、その経過をほめましょう。子どもが問題行動を起こす時は、親に注目して欲しいからです。いつも「賞をとったから」「100点をとったから」と結果だけをほめていると、子どもは「こうしないとほめられない」「こうしないと注目してもらえない」と思ってしまいます。

また、「一人で買い物に行けてしっかりしてる」というように、その子の人となりをほめるよりも、「一人で買い物に行ってくれて、お母さんはすごく助かった」「お手伝いしてくれてお母さんはうれしいな」というように、子どもの行動とほめる側の気持ちを伝えるようにしましょう。「しっかりしなければだめなんだ」と子どもに重圧を感じさせるほめ方にならず、とてもよいほめ方になります。

「よくやったね、すごいね。いつもそうだといいのだけれど」「できるじゃないの。だから文句言わずにやりなさい」のように、ほめたすぐ後で批判したり、注文を付けたりすると、ほめた効果がなくなるので避《さ》けましょう。「自分が大切にしている人にいい思いをさせてあげたい」「優しくしてあげたい」「喜んでもらいたい」という子どもも大人も持っている気持ちが、人間の感情のコミュニケーションの基本です。

叱るということは、「それはいけない」という学習。

波多野ミキ

最近、子どもがかんしゃくを起こしても叱《しか》らない親が増えているようです。しかし、子どもの言いなりになっていると、自己中心的なわがままな子どもになってしまいます。

親が注意したことで、さらに泣いたり怒ったりすることもあるかもしれませんが、「うるさいからまあいいわ」と放っておくことは、絶対してはいけません。一度注意したことを途中で妥協してしまっては、しつけになりません。かといって、何もかも禁止していてもしつけにはならないのです。

「していいこと」と「してはいけないこと」のけじめをはっきりさせることが大切です。

たとえば、小さな子どもでも万引きをしたらきちんと叱る。いつものちょっといたずらをした時の「ダメよ」と同じレベルで叱っていてはだめなのです。叱り方にもレベルがありますから、同じように叱ったのでは、子どもは「たいしたことない」と思ってしまいます。

「もってきちゃだめよ」とか「しょうがないわね、じゃあお金を払ってあげるわよ」と対応していますと、万引きを悪いとは思わず、お母さんがなんとかしてくれるとか、見つからなければいいと思ってしまうでしょう。

自分や人に危険が及ぶようなこと、反社会的なことをした時、言葉で人を傷つけるようなことを言った時——たとえば、障がいを持った人をからかうようなことを言うとか、人間としてしてはいけないことをした時は、いくら小さな子でもきちんと叱らなければいけませんし、その時は気迫を持って本気で叱らなければなりません。

叱るということは「その行動をしてはいけない」と子どもに学習させることです。親は叱ったり、ほめたりすることを通して、何がよい行為であり、何が悪い行為かという、親が持っている価値観、人生観、道徳観などを子どもに伝えているのです。

ただし、「いつもちらかしっぱなしなんだから。だらしなくてダメな子ね。お母さんはそういう子は大嫌いよ」といった叱り方は、かたづけなかった行為を叱るというよりも、子どもの性格の欠点を責《せ》めてしまっているため、結果的に子どもを否定してしまうので注意してください。

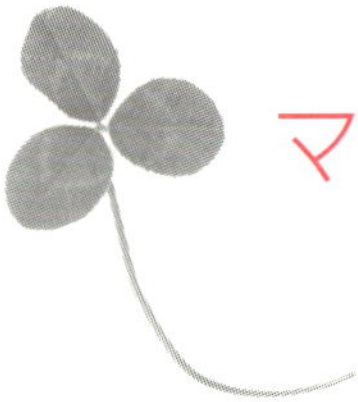

マイナスの言葉で叱らないで。

波多野ミキ

あなたが声にするたった一言が子どもを伸ばすこともあれば、ひねくれさせてもしまいます。

私が子どもに対する時に基本にしているのは、マイナスの言葉で叱《しか》らないということです。いろいろな場面の中で、子どものいいところを見つけてそこを励《はげ》ます。これが大前提です。

親にほめられた子どもは、自分が認められたことで、そのよいところをどんどん伸ばしていきます。よいところが伸びていけば、それまで欠点だと思っていたところが気にならなくなり、いつの間にか消えてしまいます。

しかし、欠点ばかりを指摘されていると、子どもはそこから抜けだせなくなっていきます。

親はついつい子どもの欠点にばかり目が行き、少しでもよくしようと思って「ダメね」「イヤな子ね」「そんなことをしたらダメよ」などと言ってしまいますが、そうした言葉で叱られていて子どもが良くなることはありません。

ますます自信を失い、劣等感を持つようになって、がんばろうという意欲も減退してしまいます。

自分はイヤな子で、ダメな子で、バカな子だと、自分に対してマイナスのイメージを持ってしまいます。

すると伸びていけなくなります。否定するような言い方は、子どもは本当にダメにしてしまうのです。

同じことをやっても、「もうちょっとでできるね」「がんばっているね」という言い方をすればまったく違います。少ししかできなくても、できない方を見て叱るのではなく、できた方に注目してほめる。

昨日よりもちょっとでもできたら、「まだできないの？」ではなく「ここができるようになったね」「すごいわね」「がんばったわね」と言ってあげる。そうすれば子どもは自信を持つようになります。

子どもが上手にできないこと、苦手なことについて責《せ》めても何にもなりません。

子どもが得意なこと、好きなことを認め、ほめ、励《はげ》ましてあげた方がずっと子どものためになります。

ほめる時は本気でほめてください。

波多野ミキ

子どもをほめるのは、お稽古《けいこ》ごとやお教室の成績だけでなく、絵を描くのが好きとか、車のことを誰よりもよく知っているとか、やさしい、お手伝いをよくする、走るのが速いといったこと、どんなことでもいいのです。

得意なもの、熱中していることをほめてあげることで子どもは自信を持つことができます。その自信は他のことへの興味へと幅を広げていきます。

ただ、子どもはお母さんの心の動きに敏感ですから、お母さんが口先だけでほめているのか、心からほめているのかをすぐに感じとります。心からほめなくては子どもの心に届きませんし、子どもの気持ちが動くこともありません。子どものようすをよく見て、本気でほめることです。

もし、子どもがほめられるようなことをしようとしたのに失敗してしまった場合も、やろうとした意欲、やっている経過を認め、ほめてあげてください。

たとえば、お子さんがお母さんのお勝手仕事を手伝おうとして、結果的に台所をびしょびしょにしてしまったとしても、「余計な仕事を増やして」ではなく、「お手伝いをしてくれようとしたのね。ありがう」と、その意欲をほめる余裕がほしいのです。

その上で、どうすればうまくできるようになるかを一緒に考えることです。

そうすれば、また意欲を持って、今度は失敗しないようにしようと注意しながら取り組むようになりますし、ものごとに積極的に取り組む姿勢も育っていきます。

危険だからと怒っても、子どもはその意味を理解できません。

堀内節子

車道に飛び出したり、熱い物に触《さわ》ろうとしたりと、幼児は命に関わるような危険なことをすることがあります。親は大切なわが子を守るために怒ります。しかし、声を荒《あら》げて怒ったとしても、子どもはなぜ怒られたかはわかりません。親が「あぶない！」「触《さわ》っちゃだめよ！」と言うから、子どもも「あぶない、あぶない」と言ったりしますが、本当にあぶないことがわかっているかというと、わかっていないことがほとんどです。

意味がわかっているのではなく、「あぶない！」「触っちゃだめ！」と言っているお母さんの真剣さが、（あ、いけないんだな）と引き留めるのです。

だから、別の場面になるとまた飛び出したり、触ってしまうことがいくらでも起こります。

「何やってるの！　熱いから触っちゃだめって言ってるでしょ!!」と怒っても、幼児にはその内容ではなく、怒られたという怯《おび》えや怒り方だけが記憶に残り、他の子どもと遊んでいる時にお母さんに怒られたのと同じやり方で他の子を怒るか、怯えて消極的な子になったりするだけでしょう。

幼児期の子どもの安全については、親が責任を持って気をつけるしかありませんが、その場その場で「あぶない！」とか「車にひかれちゃうよ」と親が真剣な顔で言いながら、親が子どもの手を引いたり抱《だ》きあげたりすれば、ヒステリックに怒らなくても、子どもは、ことの重大さを体でわかっていくと思います。

大人が嘘を言うと、子どもは言葉への信頼をなくす。

堀内節子

子どもの鞄《かばん》が放り出してある時に「この鞄、いらないの？　いらないんだったら捨てちゃうよ」というような言い方をする親がいます。言っている本人は、そういえば子どもが片づけるだろうと思って言っているのだと思います。

あるいは、幼稚園に子どもを送ってきたお母さんが帰ろうとすると、泣いて離れない時があります。お母さんは困って「ここにいるから大丈夫だよ」と子どもを安心させ、その子どもが遊び始めると黙って帰ってしまうということがあります。

私は、子どもが泣いてもいいから「いまから帰る」ときちんと言ってくださいとお願いします。子どもは「いやだー！」と言いますが、「後から必ず迎えにくるから」と子どもにきちんと話していただきます。そして「早く迎えに来るから」と伝えたら、必ず早く迎えに来てくださるようにとお願いします。

友だちとおもちゃの取り合いになったりした時にも、先生や親が「すぐに返すからちょっとだけ貸してね」と言って取り上げ、そのままにしてしまうこともあります。そのような時も必ず言ったとおり返してあげるべきです。幼児は大人が言ったとおりに受け取りますから、言うことは事実でなければなりません。「言うこと聞かないんだったら部屋から出ていきなさい」と言うのであれば、本当に出ていかせる覚悟で言うべきです。

また、勘違いをして子どもを叱ってしまった時に、それを認めることなくさらに怒り出す人がいますが、これは絶対にいけません。子どもがごまかしを覚えるからです。

誰だって間違えるのですから「親は子どもの前で間違いなどしない」などと思わずに、間違ったなと気づいた時には子どもにきちんと謝《あやま》るべきです。

言葉通りの態度を続けていると、子どもは大人は嘘《うそ》を言わないということがわかり、言うことを聞くようになっていきます。子どもが言葉に信頼を持つという意味でも重要なことです。

ほめる時は正面から、叱る時は後ろから。

堀内節子

　私は子どもをほめる時は正面から子どもの目を見て笑顔で「よかったね」とか「がんばったね」と言うことが多く、注意をする時は子どもを後ろから抱きかかえるようにして、静かに話すようにしています。

　たとえば、子どもがお手伝いをしてくれたりすると、正面から子どもの目を見て笑顔で「ありがとう、すごく助かった」と伝えます。子どもは照《て》れたような顔をしますが、体中に喜びをみなぎらせて、動きも軽くなります。

　友だちを叩《たた》いてしまった子どもを注意をする時には、後ろから抱《だ》きかかえて、「本当は悪いってわかっているんだよね、でもしちゃったんだよね。でも叩かれたあの子はもっとつらかったと思うよ」と静かに話すと、子どもは私の方へ少しずつ重心をかけてきたり、時にはくるっと私の方に向きを変えて顔を胸に押しつけて泣いてしまったりします。

　そういう時に「悪かったって思ったんでしょう？」と言うと、子どもは「うん」と言って、とても率直に反応します。

　正面からそれを言うと、子どもの中に反抗心がわき上がってきたり、その事柄から逃げようとしたりするのが見えます。それは、幼児の場合、わからないでしてしまったり興奮してやってしまったことが多いので、自分でどうしていいかわからなくなっているからです。そんな時に正面から怒ったりすると、子どもは（僕のことがわかってくれない）というような表情が顔中にあふれてきます。

最初から誰かをいじめようと考えて事をなす幼児はいないと思います。誰かがしていることを真似していたら、結果的に悪いことになってしまったとか、自分がなんとなくしてみたら相手を泣かせることになってしまったなど、多くの場合は、子どもがまだ幼いことや、知らないこと、相手のことが読みとれなかったことから始まっています。

ですから「知らなかったんでしょう」とか「こんなふうになるとは思わなかったんだよね」と、一度子どもを受け入れることが必要です。そのためには、正面から向かうよりは後ろからの方が効果的だと思います。

自分が自分として一人で立てるようになれば、相手の言うことを正面からでも受け入れられますが、まだ本当の意味で自分になりきっていない幼児の場合は、誰かの支えがなければ受け入れるのはなかなか難しいのではないか、と私は考えています。

親だからこそ感情で怒ってもいい時がある。

菅原里香
Sugawara Rika

「もう時間だから帰ろう」とか「今日は歯医者さんだから、いつもだったらもっと遊べるけれど、もう帰ろうね」と親が言っているのに、子どもが「まだ遊ぶ、帰らない」と言うことがあります。

すると、お母さんが「どうすれば帰ってくれるの？」「お菓子買ってあげるから」と、子どもに歩み寄って行くのをよく見かけます。

しかし、その日に予定があれば、親は「ダメなものはダメ」とはっきりいう部分があってもいいのではないでしょうか。子どもにとっては理不尽《りふじん》だと思うことがあっても、親だからこそ言えることではないかなと思うのです。

子どもは幼ければ幼いほど、自分の好きな人がそのことを良いと思っているか、良く思っていないかを感じることで、善悪の判断やしつけを学ぶ部分が大きいと思います。

子どもは友だちを悲しませるようなことをしても、その子なりの理由があって「どこがいけないの？　○○ちゃんがいけないことをしたんだもん」と思っています。

その時に、その子の非を言葉で理解させるよりも、まわりにいるお母さんなど、子どもにとって近しい大人が、「気持ちはわかるけれど、お友だちが泣いたらお母さんは淋《さび》しかったな」とか「こういうやり方もあったと思うなあ」と表情が暗くなったり、淋《さび》しい顔になったりした時に、子どもは（あ、お母さんはこういうことをいやがるんだ）と感じるでしょう。

理屈よりも先に、そういうことでものの善悪がついていく部分が大きいのではないかと思うのです。

私は、親だからこそ感情を表して怒ってもいい時があると思っています。

「気持ちはわかるけど、お母さんは悲しかったな。そういうことは嫌なのよ」ということを子どもに感じてもらう。行き過ぎてはいけないと思いますが、どんなことがあっても感情で怒ってはいけないのだと全面的な否定はしません。

育てているお母さんの個性が子どもに伝わってこそ親子なのだ、とも思うのです。

幼児には論理的な説明でなく、いますべきことを伝えます。

吉良 創

大人はしばしば「そこに登ると危ないから、降りなさい」と注意しますが、「○ちゃん、降りなさい」で実は十分です。また、ブランコに乗る時に「しっかり持ってないと落っこちゃうでしょう、落っこちて頭をぶつけると大変だからしっかり持っててね」と言うのは、わざわざ「落ちる」という可能性を示してあげているようなものです。幼児には「ぎゅっと持ってなさい」というだけで十分なのです。

小さな子どもにとって必要なのは論理でなく、いま何をすべきかという行為と結びついた具体的な言葉だけで、それ以外は必要ありません。

また、子どもが言っていることに全て従う必要もありません。子どもが言葉で言っていることは、多くの場合、大人の言ったことのオウム返しであったり、他の子どもが言ったことを言ってみたりしているだけです。そこを間違えて子どもにお伺《うかが》いを立てると、子どもに振り回されてしまいます。

子どもをしっかり見ることで、その子がいま何を必要としているかをしっかり知ることが大切です。小学生くらいになると言葉でのコミュニケーションが意味を持ちますが、幼児期は言葉よりも子どもの前での行為の方が大切です。

寝る前に、その日、自分が子どもに何を話したかを書き出してみると、いかに余計なことを言っているかがわかると思います。さらに、自分が言った言葉に対して子どもがどんな反応をしたかを思い出してみると、次に同じ状況になった時には同じように言わないですむかもしれません。

怒った後は子どもをちゃんと受け止める。

小西行郎

子どもが悪いことをした時には、「だめ」とはっきり怒らなければなりませんが、大切なのは怒られた子どものようすを見ていくことです。怒っている最中に子どもの表情を見ることは難しいので、少し時間がたって落ち着いてから、怒ったことで子どもが起こしたリアクションをちゃんと受け止めてあげることが大切です。たとえば、子どもの方から近寄ってきた時にはやさしい声を掛けてあげる。子どもが悪いことをしたと理解したら、ニコッと笑うだけでもいいでしょう。子どもを怒るということは、その後で「受け止める」という作業があって初めて成り立つのです。怒ったことを親が後悔して、自分の方から「ごめんね」と言うと「じゃあ、なんで怒ったの?」になりかねません。首尾一貫した態度で容易に謝まるべきではないと思います。

子どもを怒ったりすると何かトラウマが残るのでは、と心配するお母さんもいるかもしれませんが、そんなことはありません。悪いことをして怒られた子どもが、許された時にどれだけ嬉《うれ》しそうな顔をするかということを語らずに、トラウマのことしか語らないとしたら、それは人間の半分しか見ていないことになるでしょう。

子育てに自信の持てない親が増えています。しかし、子どもを思って怒ったのであれば、怒ったこと自体には自信を持っていいのです。

子どもが目を輝かせて
取り組めることが
最もいい遊び。

ルール⑤
おもちゃと遊びのルール

よいおもちゃとは、工夫ができるおもちゃです。

正高信男

「子どもにおもちゃを与えておくと相手をしないで済む」と、子どもと接するのを避《さ》けるために、あるいは子どもと接するのが面倒だからと、子どもの興味をそそる、新しいおもちゃを次々に買い与える親がいます。しかし、小さな子どもにおもちゃを与えるのは、子どもに一人で時間をつぶさせるためではなく、一緒に遊ぶためです。幼児にとって遊びはコミュニケーションの一つでもあります。おもちゃはそのための媒介《ばいかい》です。

ところで、子どもの脳の発達にとっては、日本でいま売られているような「遊び方が限定されているおもちゃ」は好ましくありません。シンプルなおもちゃで遊び方を考え、飽《あ》きたらまた新しい遊びを発見していくという、「飽き」を克服するという知的な作業が行われないからです。

また、遊び方の限定されたおもちゃで子どもと一緒に遊ぼうとすると、子どもとのコミュニケーションが阻害《そがい》されるように思えます。おもちゃを媒介として子どもと遊び方を考えること自体が、すでにコミュニケーションになっているわけですが、そうした余地がないからです。

よいおもちゃとは、一つのおもちゃに別なおもちゃを組み合わせて全く別な遊びができたり、ひもや布や紙などを使って工夫することのできる自由なおもちゃです。

いろいろな人が愛情や好意から子どもにプレゼントしてくれますから、おもちゃが増えることは避《さ》けられませんが、何をどう与えるかは考えるべきですし、たくさんのおもちゃを一度に与えるのも考えものです。飽きた時に自分で考えて乗り越えることを学ばない子どもは、集中力や思考力に欠け、飽きっぽくなってしまいがちだからです。

幼児にテレビゲームはさせない。小学生でも15分まで。

森 昭雄
Mori Akio

脳の前頭前野《ぜんとうぜんや》は、人間の動物的な行動を抑《おさ》え、喜び、悲しみといった感情に関わり、理性的な人間としての人格に関わっているところです。人間を人間らしくしているところといってもいいでしょう。ここが障害を受けると、想像力の欠如、意欲の喪失《そうしつ》、時間の順序の記憶障害、行動する前と後の結果の比較ができなくなる、視覚性の注意障害、運動計画性の欠落といったことが起こりますし、やる気がなくなります。ただし、前頭前野の障害は知能とは直接関係ありません。

私は凶悪事件の低年齢化には、前頭前野の機能の低下があると見ています。わかりやすいのは、いわゆる「キレる」状態です。前頭前野が働かないと理性的でなくなり、動物的な行動、刹那《せつな》的な行動が抑《おさ》えられなくなります。これが「キレる」ということだと思います。

テレビゲームをやっている人には、前頭前野の機能の低下が見られます。

園児にテレビゲームは基本的にやらせない。特に2歳未満はテレビ、ビデオ、テレビゲームはさせないことです。とにかく画面を長時間見ることは基本的によくないのです。子どもとは十分に会話をし、コミュニケーションをとることがいちばん大事なのですが、向き合っている相手が画面では、相手の感情を読み取ることができなくなります。

3歳までに神経回路的なものの70％近くが構築されますから、この時期にテレビやビデオを毎日見せていると、人の話を聞くことが困難になるなど、脳の神経回路が正常に形成されずに、それ以降も回復が難しい状態になっていく可能性があるでしょう。私は、小学生で毎日ゲームをやりたい場合は15分まで、週末の学校がない時でも30分までにすると、依存症になりにくいと考えています。

テレビを消すと、子どもが変わる、子どもがよく見えてくる。

内海裕美
Utsumi Hiromi

「うちの子は夜寝ないんです」と言うお母さんがいます。「何をしているんですか?」と聞くと「ビデオを見ています」「ビデオを消すと子どもが泣きます」と言った答えが返ってきます。テレビやビデオを見せないと、子どもがうるさくて家事ができないという方もいます。

でも、テレビをやめてみると、子どもが早寝早起きになり、食欲が出てくる、動きがキビキビしてくるなど、目に見えて子どものようすは変わってきます。多くの母親が「テレビを消したら子どもの言うことがよくわかるようになった」「私の子どもはこんなにおしゃべりだったんだ」と驚いています。また、テレビを見なくなって時間の余裕ができたというお母さんも少なくありません。忙しいと思っていたのは、親がテレビに時間をとられていたからだったのです。

手間がかかるからと、子どもをテレビに預けて家事をやろうとすると、子育ては楽しくなりません。1歳半や2歳くらいになったら「洗濯物をお母さんに手渡して」と言って、渡された洗濯物をお母さんが干《ほ》すといったことをお勧《すす》めします。洗濯物を子どもと一緒のたたむといった時間が生まれると、へたくそでも子どもも楽しいし親も楽しくなってきます。

一日中出かける時は、翌日のフォローも考える。

吉良 創

子どもと一緒にショッピングや遊園地へ行くことがあると思いますが、帰ったあとで、たいがいの親はとても疲れています。しかし、それ以上に疲れているのは子どもたちです。幼児と一緒にそういう場所に行くのは1時間や2時間で充分なはずで、1日中過ごしたら、次の日には子どもに必ずしわ寄せがきます。

もし「今日は出かけよう」と決めたのならば、その分、次の日はいかにのんびり過ごすかというフォローにまで意識して欲しいと思います。

次の日も子どもが興奮していて調子が悪かったり、何か失敗をしても、「これは昨日のせいだ」と大目に見られるような意識を夫婦で持つことです。翌日、子どもが何か失敗したからといって怒ってしまうと、ちぐはぐなことになります。

子どもと過ごす場合、時間も活動の内容も腹六分目くらいで切り上げると、子どもも大人もよい状態で次の活動に移ることができます。子どもにとっての腹六分目は大人にとってはちょっと物足りないくらいですが、そこで切り上げることを意識的にすると、幼児の生活に調和が生まれ、楽しいものになります。

いろいろな遊びをしている時は、頭が最もよく働いています。

汐見稔幸

子どもの持っている潜在的な能力はじーっと部屋にいても育ちません。小さい時から無理のない範囲で、子どもの心身、頭の能力、心の能力を鍛《きた》えていくような積み重ねが必要です。

大げさに考える必要はありません。積み木が好きになってきたら積み木やブロックで遊ぶ、ごっこ遊びが大好きになってきたらごっこ遊びをいっぱいする、お手伝いができるようになったら「ちょっとこれをやってちょうだい」と言ってお手伝いをさせる……といったことをていねいにさせていくことです。

学力との関係でも、頭を使う体験を小さい時からどれだけ豊かにしてきたかが大切で、この点でも遊びは重要です。外でいろいろな遊びをしている中で失敗して、「どうしたらうまくいくかなあ」と考えたり、友だちと喧嘩《けんか》をして「どうしたら仲直りできるかなあ」と必死で考えることが、頭を鍛えてくれるのです。遊んでいる時は、臨機応変《りんきおうへん》にいろいろなことに対応しなければなりません。人間の頭脳は新しいシチュエーションに置かれた時に最もよく働きます。つまり、多様な遊びは、多様に頭を使うことになるのです。

逆に言えば、マンネリ化した遊びしかしていないということは、あまり頭を使っていないと思った方がいいでしょう。その場合は、絵本を読んであげたり、折り紙をさせたり、ブロック遊びをさせてあげたりと、手先をいっぱい使う遊びや、考えるような遊びを意識的に体験させてください。

遊びは原始なものから始め、だんだんと高度なものに。

内田幸一
Uchida Koichi

子どもの成長にはそれぞれの時期に必要な環境、育て方、他者との関わり方や経験があり、どれも飛び越すことはできません。幼児期に必要な遊びをきちんと経験しないで、机に座らされて一生懸命に勉強させられると、本来は幼児期に獲得しなければいけない精神的な発達や人との関係を成立させる能力を獲得しないまま、次の成長段階に入ってしまいます。そのままどんどん成長していくと、やり残していることがどんどん増えていくわけです。その欠落は、年齢が進んだからといって簡単に取り返せるわけではありません。

適正な時期に、適正に遊びや経験を積むためには、どの時期に何が必要かを大人がわかっている必要があります。

それぞれの成長段階によってどういった体験をさせたらよいかという物差しは、人類の歴史の順番通りに体験するというのがわかりやすいでしょう。

幼児期の最初の体験は原始時代から始め、現代の高度なテクノロジーは一番後にするということです。具体的には、幼児の体験の素材は水や泥《どろ》んことといった自然の素材から始まり、やがて加工された陶器《とうき》が出てきて、ガラスや金属という順番に体験していくことになります。コンピューターや通信ネットワークといった、高いレベルの科学技術を自分のものとして利用するのは、かなり大きくなってからになります。

このように、人類が物をつくり出してきた順番を体験していかないと、現代のテクノロジーも理解できないでしょうし、次の新しいアイデアを生み出していく創造的な人間にはなれないでしょう。

このことはテクノロジーの問題だけでなく、社会構造や倫理観、いろいろなシステムをつくっていく時にも通じると思います。社会はますます複雑になっていき、専門領域が進歩していくでしょうが、専門的な知識の中だけでは物事は解決しないはずです。

本を読むのが好きな子は、知的にも伸びていきます。

波多野ミキ

本を読むのが好きな子は、ほとんど例外なく知的な好奇心も旺盛ですし、知的に伸びていきます。そういう子どもにするためには読み聞かせがとても有効です。

読み聞かせは1歳くらいから始めるのがいいのですが、勉強のためではなく、おもちゃの一種として単純な絵を見ながらお話をするという感じです。「これはリンゴよ」「赤くてきれいね」「おいしそうね」といったことです。

膝《ひざ》に子どもを乗せて、親のぬくもりを感じながら、たのしく過ごしたという経験と一緒に、本を読むということの楽しさを感じさせることが大切です。

最初から最後まで読み終わらなければならないと思っている親は、途中で子どもが口をはさむと「いま、本を読んでいるのだから黙《だま》って聞いていなさい」と言ったりします。

しかし、そういう本の読ませ方は逆効果です。リンゴの絵本を読んでいる最中に、他の話になってしまっても構いません。本を読むことが義務になったのでは意味がありません。

途中でいろいろな話をしながら楽しむことが大切なのです。本を読むことが楽しいと思えた子は、自分で読めるようになればどんどん読み始めます。

4～5歳くらいの子どもに読み聞かせた後で「どんなことが書いてあったの？」と聞きたがる親がいますが、これは絶対にしないでください。子どもが筋《すじ》を追うことばかりに気をとられ、本を楽しめなくなってしまうからです。これでは、またお勉強が一つ増えただけになります。

そういう読み方からは読書の楽しさは体験できないのです。学校の課題図書はいい本が多いのに、おもしろくないのは、感想文を書かなければならないからです。

子どもが飽きるまで、何度でも同じ絵本を読んであげて。

正高信男

「子どもとどう遊んだらいいのかわからない」と言うお母さんは、絵本を読んであげてはどうでしょうか。生まれたばかりの赤ちゃんは物語の内容を理解することはできませんが、お話がうまくできないお母さんにとっては一つのきっかけになります。また、言葉を覚えるためにも絵本は役立ちます。

ただし、たくさんの絵本の中からいい絵本を選ぶのは難しいことです。そこで、評判がいいから、評価の高い絵本だからという理由で選んだり、大人が自分の趣味で絵本を押しつけがちですが、それは逆効果です。何冊かの絵本を読んであげる中で、子どもが気に入った絵本を見つけてください。「なぜこんな話が……」と思うこともあるでしょうが、それが「お気に入り」なら、せがむのを疎《うと》まずに何度でも読んであげることです。

評判のいい絵本、評価の高い絵本を次々に読んだり、たくさんの物語を読んだ方が情操教育に役立つと考えるかも知れませんが、それは子どもをいたずらに混乱させるだけですし、言葉の習得という面から言っても逆効果です。子どもは同じ話を繰《く》り返し繰り返し聞くことで「言葉の核」をつくっていきます。その物語をすべて暗記してしまうほど、子どもの中にしみこんでいってこそ、言葉が子どもの心に根付いていくのです。特に3歳くらいまでの子どもは、同じ話を何度でも聞きたがります。辟易《へきえき》することもあると思いますが、子どもが飽《あ》きるまで根気よくつきあってあげましょう。

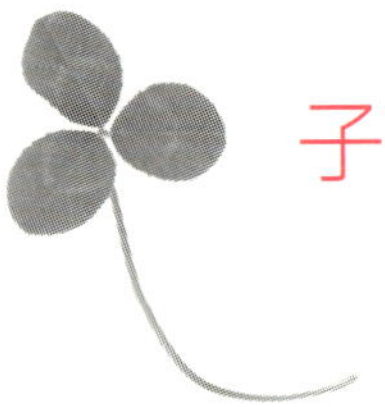

子育ての結果が出るのはずっと先です。

波多野ミキ

子どもには何かを覚えるのに最適な時期があります。これを覚える準備ができているという意味で「レディネス」と言います。レディネスに達している子に教えると反応がよく、楽しさともつながって、伸びていきます。ところが、レディネスに達してないのに無理に教えようとしても覚えることは覚えますが、ものを覚えるということはつらいことだということまで一緒に学んでしまうのです。

レディネスを迎える時期には個人差があります。早く文字を覚えたいと思う子が聞きにきたら教えてあげればいい。でも、文字にまったく興味がないのに「字を教えるからいらっしゃい」と言ってやらせるのは早すぎます。

「今日の子育て」の結果が出るのは、明日や1週間後ではありません。1年後かもしれませんし、10年後かも20年後なのかもしれないのです。そうした長いスパン（時間幅）で考えなければいけないのですが、親はすぐに結果を欲しがります。そして、今日いくつ字を覚えたと言って喜びますが、これは間違っています。子どもは遊びの中でいろいろな発見をします。なにより遊びは自発的なものです。まずは子どもがやりたいと望んでいる遊びを思い切りさせ、時期が来たら上手にいろいろなことを覚えさせる方が、結果的に早くて楽です。

子どもはいつも
認められたがっています。

ルール⑥
困った時のルール

反抗期は独立期、発達するためのエネルギー源。

小西行郎

子どもが2～3歳になると、それまで親に甘えてべたべたしていたのに、急に怒り出したかと思うと「あっちに行ってて！」と言い出したり、親元から走り出して友だちと遊んでいた子どもが、急に戻ってきて甘えてきたりします。

これがいわゆる「反抗期」で、親からの干渉《かんしょう》を嫌って離れようとする自立心と、親の存在や愛情を確かめなければいられない不安が入り交じった状態です。子どもはこれを繰《く》り返しながら、自立へ向かってまた一歩成長していこうとしているわけです。

こうした行動に初めて経験する親は、びっくりしたりショックを受けたりします。そして、これまで通りの価値観で親子関係を維持するために、自分の言うことを聞かせようとしたり、指図をして「素直ないい子であること」を求めようとします。

子どもは決して直線的に成長するわけではなく、いくつもの「節《ふし》目《め》」を経験して段階的に成長していくので、節目にある子どもの状態は停滞や逆戻りに見えることがあります。その時期も速度も度合いも子どもによって違います。これが大人にとっては「問題行動」であり「反抗期」なのです。

逆に言うと、「反抗期」と「問題行動」は子どもがさらに発達するためのエネルギー源でもあるのです。

「反抗期」という言葉を最初に使ったのはスウェーデンの心理学者ですが、欧米ではすでに「反抗期」と言わずに「独立期」と呼んでいます。いまでも「反抗期」という言葉を使っているのは、おそらく日本くらいのものではないかと思います。

「問題行動」を含めて、子どもの発達の違いを「個性」というのであれば、豊かな人格を育《はぐく》み、個性を磨《みが》くには親の理解が必要不可欠です。

新生児でも、母親の声は きちんと聞き分けています。

正高信男

赤ちゃんとのコミュニケーションで一番大事なことは、お母さんが話しかけることです。

生まれたばかりの子どもを初めてあやしてみても、芳《かんば》しい反応がないので意味がないのではないか、どんな言葉をかければいいのかと戸《と》惑《まど》うかもしれません。

しかし、話しかけるのは単純なことでいいのです。「○○ちゃん」と名前を呼んでもいいし、「ばあー」と言って笑いかけたり、「よしよし」と言いながらリズミカルに揺《ゆ》さぶってもいいでしょう。「ミルクをたくさん飲んでね」「おはよう、今日は天気がいいね」「さあ、オムツを替えようね」「ちょっと待っててね」「もうすぐ行くからね」など、要はなんでもいいのです。

肝心なことは、生の声で「ゆっくり」「やさしく」話しかけることです。その時にできれば、少し高めの声で、少しオーバーなくらい抑《よく》揚《よう》をつけた方がわかりやすいでしょう。

新生児は目はまだよく見えなくても、耳はずっと早くから発達していますし、母親の声をきちんと聞き分けています（眼科医の調査によると、子どもが大人並みの視力になるのは4～5歳だということです）。

母親とそれ以外の何種類かの女性の声を聞かせてみた実験でも、お母さんの声には他と違う反応が出ています。それは、赤ちゃんがお腹の中にいたころから、お母さんの声が羊水を伝わって振動波として赤ちゃんの耳に届いているからです。

生まれたばかりの赤ちゃんにとってお父さんの声は他の人と同じ声に過ぎませんが、お母さんのお話しはちゃんと届いているのです。

人間には生まれた時から「コミュニケーションしたい」という本能が備わっており、それを上手に刺激してあげるためには、まわりの大人が語りかけてあげることです。

どうせ意味がわからないのだからと誰も全く話しかけなかったら、赤ちゃんは決して言葉を覚えません。

反抗期の子どもに「イヤ」と言われて怒ったら負け。

波多野ミキ

反抗期（独立期）の親の対応には三つの方法が考えられます。

一つ目は、子どもの自立的な反抗を喜ぶこと。どうすればこの時期を成長に結びつけられるかを考えて対応することです。

二つ目は、いきなり怒らないこと。たとえば、食べていたご飯を突然「食べない」と言い出した時に「どうして食べないの！」と怒ったり、なだめて食べさせようとしてはいけません。「○○ちゃん、ご飯食べないのね？」と言って、お母さんがいつものように「おいしいね」と楽しそうに食べていれば、子どもは「おいしい？」と聞きます。この時に「食べないって言ったじゃない！」と言ってしまうと、子どもとケンカをしているようなものです。「おいしいわよ。○○ちゃんと一緒に食べると、もっとおいしいと思うけれどなぁ」と応じてみましょう。子どもをその気にさせるため、ちょっとした言い方を考えれば、それほどイライラしなくて済むと思います。

また、親が手を貸してボタンを止めたり、靴を履《は》かせようとすると「いや」「自分でやる」と自分でやりたがります。しかし、やらせてみるとなかなかできません。手伝おうとしたり、無理矢理はめてしまうと、子どもはかんしゃくを起こしたり、大声をあげて泣き出します。

この時期の子どもは自立をしようとしているわけですから、親は根気強く見守って、かんしゃくを起こしそうになる寸前に、さりげなく手を貸してあげるのです。その時も「やっぱりまだ無理よ」などと言わずに、「ここはちょっと難しいから一つだけお母さんがやるから、あとはやってね」と声をかけ、一番上のボタンだけちょっと手伝うようにします。一人でやった気分にさせることが大切です。

三つ目は、子どもと一緒にどうすればいいかを判断したり、納得させることです。子どもがゲームを欲しがった時に、頭から「ダメ！」と言わないで、「ゲームは誕生日に買うことにしてたでしょう。それまで待てないの？」などと質問しながら、「どうしたらいいのか」を親子で考えてみてください。詰問《きつもん》調にならないように注意し、親としての思いを伝えながら、ある程度のところで結論を出します。

かんしゃくを起こした子どもは、時に「ママなんて嫌い」などと言うこともありますが、もちろん本音ではありません。ところが「ママも嫌いよ」と言うと、子どもは本気に受け取って傷つきます。この時期の子どもに「イヤ」と言われて怒ったら親の負けです。「嫌い」「イヤ」と言えるくらい成長したね、と思える余裕を持ち、「あなたが大好きよ」というメッセージを送ると、子どもは安心し、反抗期をスムーズに卒業していくでしょう。

「なぜ？」「どうして？」には一言でいいからその場で答える。

波多野ミキ

2歳くらいになった子どもは、「これなあに？」としつこく聞いてくるようになります。毎日何度も聞くので、つい「うるさいわね」「あっちに行ってなさい」などと言ってしまいますが、一言「お皿よ」「あれはお家」などと言えば済むのです。短かい言葉でもいいですから、必ず答えてください。

3歳くらいになると「なぜ？」「どうして？」と聞いてくるようになります。しかも、大人は当然だと思って疑問にも思わないので困ることが多いものです。人前で聞かれるとつい「黙ってなさい」とか「後でね」と言って誤魔化《ごまか》したりすると、子どもは聞いてはいけないのだと思って聞かなくなってしまいます。子どもが知りたいという気持ちに、一言でいいからその場で応えてあげてください。

「空はなぜ青いの？」と聞く子どもがいます。科学的に理由を説明することもできますが、子どもは単純に「青く見えるのが不思議だな」「どうしてだろう？」と思っているのです。「青くてきれいね」「どうして青いのかしらね。でも気持ちいいわね」と一緒に空を見て、その美しさを感じ、一緒に不思議がればいいのです。特に3～4歳くらいの子どもには、「きれいね」「楽しいね」「嬉しいわね」といった感覚的、情緒的な言葉かけと、スキンシップを含めたふれあいをたくさんすることです。もう少し大きくなったら、科学的なことも必要かもしれませんが、それまで正確さはいりません。

よほど困ったら「○○ちゃんはどう思う?」と聞き返したり、「難しいことを聞くわね、お母さんもわからないわ。おうちに帰ったら調べてみましょうね」でいいと思います。ただし、「○○ちゃんはどう思う?」をいつも言ってはいけません。子どもは質問することがいやになってしまいます。子どもの「なぜかな?」という気持ちを育てることが重要なのです。また、「じゃあ調べてみましょうね」と親が言って、事典を開いたり、誰かに尋《たず》ねたり、インターネットで調べたりと何かアクションを起こすと、子どもはいずれ一人で調べるようになりますし、調べていろいろなことがわかることをおもしろいと思って、知的好奇心が伸びていきます。

子どもがいろいろな質問をしてきた時に、どのくらいていねいに親が答えたかによって、その子がその後どのくらい伸びるのかが決まると言ってもいいと私は思います。子どもの話はそう長くはありません。1分でも30秒でもいいので、子どもの方を向いて「なあに？」と言ってあげると、子どもの好奇心が芽生《めば》え、伸びていくもとになるのです。どうぞ、子どもの好奇心を見守り、その芽を育ててあげてください。

登園拒否には理由があります。

内田良子
Uchida Ryoko

親御さんから「夜泣きがひどい」「朝、なかなかご飯を食べません」「起きてきません」と、生活がうまく立ちゆかなくなった子どもの扱い方の相談をよく受けますが、よくよく聞いてみると休みの日はちゃんと早く起きていたり、よく寝ていたりします。ところが、平日にうまくできないのは、「幼稚園に行きたくない」という意味なのです。

ほとんどの子どもは「今日、どこへ行くの？」「幼稚園よ」「やだ」というふうに言葉でイヤだと言っています。しかし、親が取りあわないで連れて行かれるから、ついにストライキが始まるわけです。連れて行けばなんとかなると思っている親や園の先生に、体をはって抵抗しているのです。

やがて、熱を出したり、吐《は》いたり、下痢《げり》をしたりと、体の具合が悪くなります。そうすると休めるからです。さらに、チックが出たり、おねしょをしたり、指しゃぶりや爪噛《つめか》みといろいろな症状が出たりします。親は、チックや爪噛み、指しゃぶりを治したがりますが、根本的な問題が解決しているわけではないため、次々に違う現象が出てきます。そうしている間に「育てにくい子」になってしまいます。

そういう親に私が「休ませることはできますか？」と聞くと、ほとんどの親は不安になります。小学校に入ってから、登校拒否、不登校になったら困る、休み癖《ぐせ》をつけたくないと思うからです。

休むのは癖《くせ》ではありませんし、甘えでもありません。学校や幼稚園や保育園に行きたくないという子どもの話を30年以上聞いてきましたが、甘えやわがままで「行きたくない」という子は一人もいません。必ず事情があります。幼稚園や保育園に「行きたくない」と言った子どもにとって、「行きたくない」ということと「行かない」ということは必ずしもイコールではないことが多いものです。

たとえば、「行きたくない」と言う時に、自分は不安を持ちながら幼稚園生活をしているのだと親が知っていてくれると安心して行けることがあります。「行きたくないって、何か嫌なことがあるの?」と子どもに聞いてみると、子どもは「先生がとっても怖い」とか「食事が食べられないと口の中に詰《つ》め込まれる」とか、いろいろなことを言います。「そういうことが嫌だったんだね、わかったよ」と言って、「じゃあ明日はどうする?」と聞くと「行く」となるわけです。

親が知っていてくれるだけで安心して、しぶしぶでも行ける。でも自分は喜んで行っているのではないということは知って欲しい。子どものの言うことを一人の人間として聞いてみると、「なるほど、行きたくないのには理由があるんだな」とわかるはずです。

園から帰ってきたら、子どもの顔をしっかり見る。

高久和子

お母さんは幼稚園や保育園のことを子どもに聞きたがります。「何やっているの？」「それからどうしたの？」「今日はどうだった？」

でも、大切なのは子どもから聞き出すことではなく、子どもの言うことをしっかりと聞くことです。子どもが言ったことをお母さんが真剣に聞いてあげれば、子どもは自分から「こうだったんだよ」「お母さん、こうだよ」と、自分の気になったこと、嬉《うれ》しかったこと、よかったことを話すようになります。

子どもが帰ってきた時にお母さんが何か用事をしていたり、お母さん同士で話をしていたりするのではなく、子どもの顔をしっかり見て、子どもを受け入れてあげてください。そして（今日一日楽しかったんだな）（元気で過ごせたな）（生き生きしているな）とか、（泣いたのかな）（誰かと何かをやったかな）とか、いろいろなことを感じてくれたらいいなと思います。

そうすれば、顔を見るだけで子どものようすがわかるようになります。そして、今日は何か言葉をかけて欲しそうだなと思ったら、声をかけてあげればよいのです。

困った時のルール7

子どものけんかは社会生活の練習。

堀内節子

幼稚園や保育園で「あの子は乱暴だから」と親たちが噂《うわさ》しあうことがあります。お兄ちゃんやお姉ちゃんがいて家でけんかをしている子が、幼稚園でも同じことをすると、初めて集団生活に入った子は参ってしまいます。

しかし、私はお母さんたちに「お宅のお子さんとその子の席を離したり、一緒にならないようにしようと思えばいつでもできます。また、あなたの子どもには手を出してはいけないと言えば、たぶんその子はしなくなるでしょう。けれども、子どもたちはこれからそうした保護を受け続けて成長していくわけにはいきません。小学校に行ったら、もっと事柄が大きくなるでしょう。それだったら、今のうちに少々のことがあったとしてもお互いに認め合いながら、『いい練習をさせてもらっている』と思って、ある程度は認めていきましょうよ。ケガはしないように注意しますから、子どもにとって大事な勉強だと思って一緒に見守り、乗り越えませんか」と話します。

親御さんも「ああそうだな」と気づいてくださいます。

私は子どものけんかは社会生活の練習だと思っています。私たちが学校で漢字や算数の練習をして習熟してきたように、幼ない子どもはけんかを通して人とのつき合い方を練習すればよいと思います。

けんかをした時の気持ちを聞いてあげる。

森田ゆり

子ども同士でけんかをすると、親はどちらが悪いかを判断して、ともかく謝《あやま》らせようとするか、双方を謝らせます。しかし多くの場合、子どものけんかは、片方が絶対的に正しく、もう片方が絶対的に間違っているということはありません。

それなのに、その場でどちらが正しいのかと結論を出して謝っただけでは、子どもの感情は解決しません。

そういう時は「どういう気持ちだったの？」と聞いて、その気持ちを語るように導くことです。

人には嬉《うれ》しい気持ちや幸せな気持ちもあれば、淋《さび》しさ、怒り、ねたみというネガティブな気持ちもあります。

しかし、感情に快・不快はあっても良い・悪いはありませんから、人をねたみ、怒るという感情を抑《おさ》え込んでも、消えてしまうことは滅多にありません。

むしろ、抑え込んだ感情は心の奥底にいつまでもよどみ、形を変え、時に人や自分への攻撃として現れます。

大切なのは、ねたましさや怒りの気持ちをどのように表現するかです。ねたましいから、怒っているから悪口を言ったり、誰かを蹴飛《けと》ばすのではなく、その感情を誰かにわかってもらうことが大切なのです。

子どもの感情を聞くには、「痛くてたまらないんだね」「くやしくて怒っているのはよくわかるよ」というように、まず子どもの気持ちを受け止めてあげ、「その時、うらやましかったの？」などと、具体的な言葉をなげかけて、感情を言葉で表現できるように促します。

その上で、ねたましさや怒りから他人や自分を傷つけなくてもいいんだよと話します。

たいしたけんかでなければ親や大人が介入しないほうがいいでしょう。「子どもたちで解決できるはずだ」という姿勢はとても重要です。

それでも解決できない場合に大人が関与していくのであれば、けんかをした時の気持ちを、どちらの子どもにも語らせてあげることを考えてください。

それは、大人が子どものけんかを解決してしまうのではなく、大人の促しによって子ども同士で解決させることにもなります。

４歳くらいまでの習い事では、上達させようと考えない。

汐見稔幸

現在の親や子育ての状況を考えると、２～３歳までに習い事をさせたい、少なくとも４歳くらいまでに教室や塾に連れていきたい、という気持ちもわからなくはありません。けれども、少なくとも４歳くらいまでの習い事では、上達をさせようと考える必要はないですし、むしろ考えない方がいいでしょう。

２～３歳から教室で指示され、命令され、激励され、評価されるという世界が入り込んでくると、子どもはまわりの大人に良く思われようと、小さくまとまっていくしかないからです。

自分がやりたいことをどんどんやっていく、やりたくないことは「やりたくない」とはっきり言えるような自我が育っていくとは思えません。

しかも、心の深いところにある（本当はこんなことはやりたくない、もっと自分らしく生きたい）という気持ちや、（もっと好きなことを何時間でもやっていたい）という子どもらしい欲求を我慢するしかありませんから、大人に合わせる自我ばかりになって、本当の自我は育ちません。

その結果、どこかで歪《ゆが》みが出たり、親への恨《うら》みとなって、ある時に——たとえば思春期あたりに反抗的になったり、無気力になりかねないのです。

早期教育の一つひとつがその子の発達にどういう影響があるかは、研究者の間でもわかっていません。

しかし、家庭が〝早期教育的な雰囲気〟をつくってしまうと、子どもにとって、かなりマイナスになってしまうということは言えると思います。

〝早期教育的な雰囲気〟とは、「負けないで、がんばらなければいけない」「どんどん難しいことにチャレンジしていかなければいけない」といった、「いけない」「ねばならない」「人に勝つことが大事だ」ということが、知らず知らずにはびこってしまっているような家庭の雰囲気のことです。

子どもをおかしくしてしまうのは、早期教育の一つひとつではなく、実はこうした家庭の中の〝早期教育的な雰囲気〟が問題なのです。

子どもとの会話は「開かれた質問」で。

波多野ミキ

親は子どもに対して一方的に命令したり、指示をすることが多くなりがちです。子どもは黙って言われたとおりにするか、反発するしかありません。そうならないためには、子どもが答えやすいような問いかけをすることです。「問いかけ」には二つの種類があります。

一つは「ご飯を食べる？」「お風呂に入る？」といった「はい（うん）」「いいえ（いや）」で答えられる問いかけです。こうした問いかけは「閉じた質問」と呼ばれ、会話はすぐに終わってしまいます。

もう一つの問いかけは、「晩ご飯には何を食べたい？」「今日はどんなことをして遊んだの？」というように「はい」「いいえ」では答えられないもので、これは「開かれた質問」と呼ばれています。

子どもとの会話はまず、何を食べたいのか、何をしたのか、これから何をしたいのかといった事実関係を聞き、その後で、○○ちゃんはどう感じたのか、どう思ったのか、どうしたかったのかというように、子どもの感情や思いを述べるように話を進めていきます。さらに、「もしそうしていたら、どうなったか」「これからどうなって欲しいのか？」と展開してもいいでしょう。こうした開かれた問いかけをしていると、子どもは筋道を立てて考えたり、話したりできるようになり、自分が見たり体験したことを正しく伝えられるようになります。

薬や医者よりも
自然な暮らしが
健康な体をつくる。

ルール⑦
病気と健康のルール

病気を治すのは医者でなく、子ども自身です。

真弓定夫
Mayumi Sadao

多くの感染症の病原体やウィルスは高温に弱く、低温に強い特性があります。たとえばO《オー》-157はセ氏72～73度、2～3分で死んでしまう菌ですが、冷蔵庫の中では生きています。そうした菌が体に入ると、体は菌を殺そうとして体温を上げます。

ですから体温が高ければ高いほど早く治るわけです。体温が39度、40度になった時に、解熱剤《げねつざい》を使って体温を下げて喜ぶのは子どもではありません。体の中のばい菌です。

お腹の中にばい菌が多いと、体は早く外に出そうとしますから下痢《げり》になります。ですから下痢の回数が多ければ多いほど早く治ります。そこに下痢止めを使うと、ばい菌がどんどん増えてしまいます。突然死で圧倒的に多いのは、こうした逆さまの治療が原因です。

熱が出て下痢をしてる時に、早く熱を下げ、下痢を止めるために薬を飲むと症状がとれて、1日で早く治っているように見えます。

同じ病気でも、私の病院にこつこつ来てくださる方はゆっくり治します。

でも、そうした子どもは、病気にかかる頻度《ひんど》がだんだんと低くなっていきますが、薬を飲んで治した子は同じことを年間に何度も繰《く》り返します。

子どもの病気はこころの問題が8割ですから、マイナスイメージを子どもに送らないことも大切です。

暖房のきいた部屋の中でテレビゲームをやっていて、鼻水すら出ない子は弱い子どもです。一方、外が0度で雪が降っている時に、薄着で飛び回っていれば鼻水が出るのは当たり前です。

ところが、鼻水を垂《た》らした元気な子どもに、風邪を引いたとかいうマイナスイメージをお母さんが与えると、本当に風邪になってしまいます。

病気は医者が治すのでも、薬が治すのでもありません。患者さんが治すのです。

大事なのは、治るような環境づくりであり、それ以前に、病気にならないような環境を親がつくるということです。どんなものを食べ、どんなものを着せるか、何を整えるのかが親のつとめです。

健康のルール 2

健康な子どもは、大人よりもたくさんの水分が必要です。

真弓定夫

「子どもの主食は水である」と言われるように、健康な子どもは大人よりもたくさんの水分を必要としています。

大人が体重1キロに対して30～50ＣＣなのに、小中学生では50～80ＣＣ、幼児では80～１００ＣＣ、乳児では１００～１５０ＣＣにもなります。

この中には食べ物に含まれる水分も含まれていますが、体重あたりに必要とする水分量は、赤ちゃんは大人の3倍にもなるのです。

健康な時でもこれだけの量が必要なのですから、いろいろな症状が出た時にはさらに必要になるわけです。

心臓や腎臓《じんぞう》の悪い子の場合は別ですが、そうでなければつとめて水をあげることが大切です。

健康の維持は、衣食住の改善から。

真弓定夫

人が病気になる原因には、ウイルスやばい菌、ホコリ、食べ物のような外因と、自分で自分の体を治そうとする内的な力——免疫《めんえき》力や自然治癒《ちゆ》力の脆弱《ぜいじゃく》さがあります。一般的に問題にされているのは外因だけです。内因がしっかりしていれば、外から病気の原因が入ったとしてもはね返すことができるのですが、そこへの考慮はほとんどありません。たとえば、扁桃腺《へんとうせん》炎という病名がついたとしても、のどの炎症という個別の病気を治すという考え方ではなく、体を人間本来の自然の形に戻すという考え方をして、それにはどうすればいいのかと取り組みをするべきです。

健康と病気は対立するのではなく、健康の状態から病気の状態へ移行していくもので、その間には幅があります。いかにして健康の側の幅を持たせるかということが大切なのです。そのことを理解して、子どもの全体を見るよう心がけてください。

多少の症状が出たからと病気だとあわてるのではなく、健康な状態の現れだと捉えると、お母さんの対応にも余裕ができますし、その余裕は子どもにも伝わっていきます。症状が現れ始めた時に、少しでも早く元の状態に戻そうとするならば、子どもが医者にかかる頻度《ひんど》はかなり減ると思います。

子どもの生命力を高める4つのポイント

西原克成
Nishihara Katsunari

①口呼吸をやめ鼻呼吸に。

免疫《めんえき》力を低下させる元凶の口呼吸を止め、鼻呼吸にしなければなりません。鼻で呼吸することで空気中のホコリや細菌は鼻腔《びくう》やその周囲の空洞、粘膜《ねんまく》などを通過するうちに浄化され、肺の気管に入る前に30〜37度くらいに温《あたた》められると同時に、１００％加湿されます。肺は完全に加湿された空気でないと、うまく呼吸できません。

②片側噛《か》みをやめる。

両側の歯でよく噛んで食事をとることは健康の基本中の基本です。

③横向き寝・うつ伏せ寝は止め、上向き寝で十分な睡眠を。

横向き寝やうつ伏せ寝を長期間続けていると、あご、顔、鼻筋をゆがませ、首、脊椎《せきつい》、腰から下半身までをゆがめることになります。また、横向き寝は鼻が充血して詰《つ》まりやすくなるため、口呼吸になりがちです。両足を15センチくらい開き、両手は体側から15センチくらい離して上向きになり、「小」の字になるのが理想的な睡眠の姿勢です。

④冷たいものはとらない。

ウイルスや細菌感染によって異常を起こした細胞を排除する白血球の働きや、細胞をリモデリングする力は、体温を1〜2度高くすることで高まります。風邪を引いて熱がでるのは、白血球が活発に動けるようにするためです。しかし、アイスクリームや冷えたジュースなど冷たいものをよくとると、体を温めるエネルギーが奪われて体温が下がりますし、腸が冷え、循環系の障害を起こしやすくなります。

知っておきたい子どもの健康を守る5つの知恵

大住祐子
Oosumi Yuko

①よいお医者さんを探す。

質問してもわかるように答えてくれないお医者さん、患者側がわからないことに対して誠意を持って答えてくれないお医者さんに、命に関わることをまかせるのは疑問です。

②いつもの子どものようすを知っておく。

自分の子どもの日ごろの状況をよく知っておきましょう。たとえば、朝目覚めた時、お昼寝をする前、夜寝る前に体温を測《はか》って、一日の子どもの体温の変化がどう起こっているかを知っておくことも大切です。熱が出た時にも自分の子どもは何度くらいであれば大丈夫なのかを知っておけば、いつもは大丈夫な体温なのにぐったりしている時、早めにお医者さんに連れて行くことができます。

③お医者さんに子どもの状態が説明できるようにメモを。

子どもの日常のようすを知っていれば、お医者さんに行った時に「いつもはこういう状態なのですが、今日はこうです」と話せます。

それが話せるかどうかはお医者さんにとって大きな違いです。診察時に言い忘れてしまうことがありますから、待合室で待っている時にでも、いつ熱が出たのか、何度あったのか、どのような症状があったのか、ということをメモしておくと役に立ちます。思い出せること、気づいたことを、お医者さんにきちんと伝えることが大事です。

④診断後の注意。

お医者さんの診察が終わると、診断内容やこの後どうすればいいかというお話がありますが、一度の診察だけで正確な診断が下せないこともあります。しかし、その場の診断に沿って薬が出ますから、違う病気であった場合には、その薬は無効であったり、害になる場合もあります。誤診ということではなく、病気が診断できない段階もありますので、きちんと子どもを見ていて「変だな」と思った時は、早めにお医者さんに相談しましょう。

⑤病気は治りかけが大事。

病気は治っていく時に用心することです。表立った症状が消えたからといって、体は病気前のよい状態に戻っているわけではありません。元気な状態になるにはもう少し時間がかかりますから、症状も収まって子どもが遊びたがっても、１日くらいは用心してようすを見ることです。

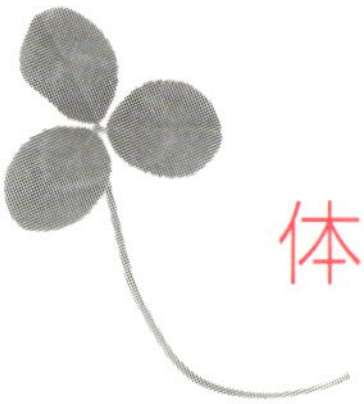

病気によって体が整えられることもある。

大住祐子

親がどんなに気を配っていても、子どもは病気にかかります。だから、病気になったからといって、自分の育て方が悪かったと思う必要はありません。親が自分を責《せ》めるのではなく、子どもが病気になったのはどういう原因があったのかと冷静に考えてみてください。

子どもの生活が安定していなかったとか、忙しい日が続いたとか、子どもが友だちとけんかをしてふさいでいたとか、いろいろな原因があると思います。そうした日常の生活について、精神的なことを含めて考える習慣をつけることが大事なのです。

病気になったことで、子どもはもう一段階強くなろうとしていますし、自分の体を整《ととの》え直しているのです。病気をすることは子どもにとってメリットになるのですから、その病気を経験させ、回復の時期をきちんと過ごさせて、子どもがもう一度元気を取り戻すのを見守ってあげることです。

「病気」とは、体のどこかの臓器や組織に起こる病的な変化であり、それを治すことが「治療」だとされていますが、人間をもっと大きな目で捉《とら》えると、病気は単に体のある部分に起こっている出来事ではなく、その人が一生を生きていく上のある時期に、必要なこととして起こっていることだと考えられます。

よい小児科は看板の最初に「小児科」と書いてある。

高草木 護
Takakusagi Mamoru

よい小児科医を探すには、現状では口コミに頼るしかありませんが、看板に複数の診療科目がある時には、最初に「小児科」と書いてあることが一つの目安になります。日本では小児科医専門の研修や訓練を受けていなくても、小児の診療をしているケースがあります。内科医が小児を診《み》ることはよくありますが、中には脳外科医や放射線医が小児の診察をしていることもあるのです。たとえば、脳外科をやっていた医師が開業して「外科、内科、小児科」と書く場合がありますが、最初から小児科を専門医としてやっていることが大事です。もちろん小児科医でなくても小児科のことをよく勉強している先生もいますから、一概にそうした先生が悪いと言い切ることはできません。

また、すぐに解熱剤や抗生物質を処方する医師は「おかしい」と疑った方がいいでしょう。

「大病院なら安心」と、なんでも大病院に行く方がいますが、大病院には研修医を終えたばかりの若い医者もベテランの医者もいます。ベテランの医者に出会えばよいのですが、今の制度では誰に当たるかわかりません。身近で信頼できる医者の方がプラスが大きいと思います。

朝からきっちり和の食事。
ジュースとお菓子は
やめること。

ルール⑧
食生活のルール

健康面から考えると、主食はご飯が一番よい。

幕内秀夫
Makuuchi Hideo

体のエネルギーになる主要な栄養素である「でんぷん」を含む食品には、ご飯、そば、ラーメン、パン、パスタ、お好み焼きなど、いろいろな種類があります。それらの中から、どれを選ぶかによって食生活は全く違うものになります。

パンやパスタを主食にすると、ハムやベーコン、ソーセージ、チーズなどの食肉加工品や乳製品が多くなります。ご飯、そば、ラーメン、パスタなどは60~70%の水分を含んでいますが、パンは30%程度しか水分を含んでいませんから、唾液《だえき》が吸収されてパサパサに感じます。

そこで、マーガリンやバターが必要になります。

さらに日本のパンは、食パンであってもたいがい砂糖が入っています。

また、食パン一枚を手でぎゅっと握ってみるとピンポン玉程度ですから、お腹が持たなくなってお菓子を欲しがります。

みそ汁や漬《つ》け物は塩分が多いからと、ご飯でなくパンを食べている人がいますが、それが甘いパンなのはおかしなことです。

さらに、パンの副食はサラダにドレッシング、ハムエッグ、オムレツ、野菜炒めや、マリネやツナ缶などになります。こうした食品は油だらけですし、ラーメンやパスタも油だらけの食品です。

それならば、タンパク質や脂質の多い豆類を発酵《はっこう》させた醤油《しょうゆ》や、みそを使ったみそ汁の方がはるかによいのは言うまでもありません。

「朝食はパン」に慣れてしまっている家庭は多いと思います。夕食が遅いお父さんには、朝からご飯は重いかもしれません。

でも、子どもは遅くても7時くらいには夕食をとっているはずですから、大人と一緒にしてはいけません。

もしも仕事や他の家事で忙しいのであれば、朝からご飯を炊《た》き、みそ汁をつくることはありません。保温釜《がま》（ジャー）に入っている前の晩のご飯に、多めにつくったみそ汁を温《あたた》めなおせばいいのです。

そこに買ってきた漬け物、焼き海苔《のり》、いつもテーブルの上にあるふりかけ、納豆や煮豆でもあれば十分です。手抜きでもなんでもありません。

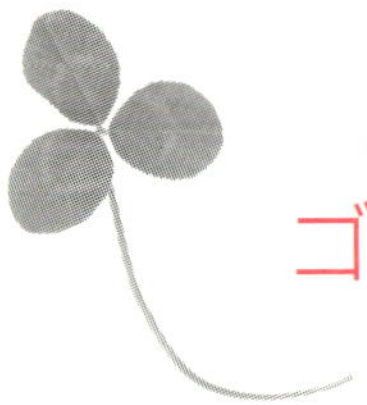

子どもの脳を健やかに育てる ゴマ、くるみなどの良質の脂肪。

東城百合子
Tojo Yuriko

健康な食事の基本は、主食である穀類《こくるい》を大切にし、みそ汁をしっかり飲み、手作りの漬《つ》け物、色の濃い野菜、海草をとることです。タンパク質は植物性の大豆などを主力に、旬《しゅん》のものを順繰《ぐ》りによく噛《か》んで食べましょう。日本は湿気が多い風土ですから発酵食品がよく育ちます。みそ、納豆、漬け物、醤油《しょうゆ》、お酢などはどれも発酵食品です。そうした発酵食品を食べることで腸内の有効菌が育ち、消化を助け、吸収力をつけてくれます。

子どもの脳を健《すこ》やかに育てるためには良質の脂肪が必要ですが、特に脳が育つ4歳までに最も大切なのは、ゴマ、くるみ、大豆、玄米、小麦、粟《あわ》、稗《ひえ》、かぼちゃやひまわりの種、草の実などです。なかでも、ゴマは炒《い》ってすりつぶして薄味のふりかけをつくって玄米ご飯にかけたり、和《あ》え物やおひたしに使うといった工夫もできます。玄米が無理なら、無漂白の押《お》し麦、五分搗《づ》き米や七分搗き米でもよいでしょう。いきなり玄米にすると身体がびっくりして反応を起こす人は、最初の約1週間は五分搗き米や、胚芽《はいが》のついたご飯にしてよく噛《か》んで食べ、体が慣れてきたら玄米《げんまい》に変えていきましょう。

料理に使う油は、できるだけ一番絞《しぼ》りで添加物なしの油を選びましょう。甘みは黒砂糖やハチミツなどでとるとよいでしょう。

肉は1食50グラム程度に抑え、それ以上の野菜や大豆をとる。

東城百合子

肉の主な栄養素はタンパク質で、カルシウム、ビタミンは少量です。タンパク質を代謝《たいしゃ》するためにはビタミンCが必要です。また、肉に多く含まれている脂肪を代謝するためにはビタミンB_2が必要になります。肉を食べ、タンパク質を上手に消化吸収するためには、同時にビタミン類を補う緑黄野菜類を食べて、バランスをとる必要があります。

また、肉は酸性の強い食品ですから、中和するためにアルカリ性の食べ物を補わなければなりません。たとえば３００グラムのステーキを食べたら、野菜などをその約3倍、約1キロもとらなければならないのですが、そんな食べ方はできません。ですから、タンパク質は肉ではなく植物性の食品で補った方がよいのです。

植物性のタンパク質を含む代表的な食品の大豆はアルカリ性です。また植物性のタンパク質は、ビタミンやカルシウムをはじめミネラル類も一緒に含んでいます。根菜類にはカルシウムやミネラルが豊富に含まれていますから、にんじん、ごぼうなどに高野豆腐《こうやどうふ》、こんにゃく、昆布などを組み合わせて煮物にしてたくさん食べるといいでしょう。

どうしても肉を食べるなら1食に50グラム程度、せめて１００グラム以下にして、ゴマや大豆の植物性を6に、肉を4の割合にしましょう。

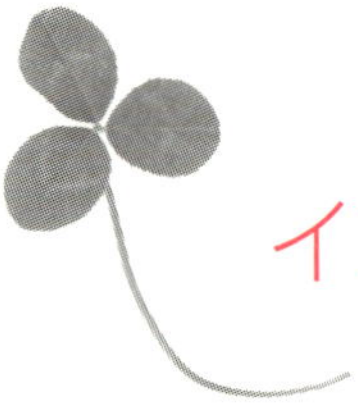

清涼飲料水とインスタント食品はとらない。

大澤 博
Osawa Hiroshi

イライラしたり攻撃的感情がわいた時は、何か欲望が満たされないなどの理由が明らかな場合もありますが、激しい攻撃行動や暴力などの場合は、栄養生化学的な面からも疑ってみることが必要です。人間を攻撃的にさせるのは、心の問題だけではなく、ビタミン・ミネラルの欠乏や低血糖状態など、栄養生化学的な要因の可能性もあるからです。

心の状態は脳のはたらきによって左右されます。脳のはたらきのエネルギーになるのは、ブドウ糖だけです。ブドウ糖がエネルギーになるためには、酸素だけではなく、ビタミンB_1も必要です。

ビタミンB_1が不足してブドウ糖を脳のエネルギーに変えられないと、心身のさまざまな異常が起きます。怒りっぽい、いらいら、食後に眠くなる、もの忘れ、うつ症状、おちつかない、協調性がなくなる、などがそうです。

清涼飲料水、コーヒーなどのカフェイン、インスタント食品のとりすぎは、ビタミンB_1をどんどん消耗《しょうもう》してしまうだけでなく、糖の代謝にかかわるミネラルのマグネシウムやカリウムも不足するので、精神上の問題を起こしやすくなります。

脳を含む体全体のエネルギー源であるブドウ糖は、血液で運ばれています。その値を血糖と言い、その主要な摂取源は穀物です。穀類のご飯はゆっくり分解され吸収されていきます。しかし、砂糖のような糖類は分子が少ないので分解吸収が早く、急速に血糖値を上昇させます。それが高すぎると、血糖を下げるホルモン、インスリンが分泌されて、血糖を下げます。下がりすぎると低血糖です。

菓子・清涼飲料水・砂糖入りコーヒーなどの大量摂取は、この低血糖を起こしやすくするのです。低血糖になると、また甘いものが欲しくなり、悪循環に陥《おち》っていきます。

体は血糖を上げるホルモン、アドレナリンを分泌《ぶんぴ》します。これは〝攻撃ホルモン〟とも呼ばれ、攻撃的感情を高めるなど、理解できないような症状、行動を起こしやすくなります。低血糖は疲労、うつ、いらいら、感情をコントロールできない、気力低下、キレやすい、頭痛などの症状を起こします。インスタント食品の連続摂取も、ビタミン・ミネラルの不足、添加物の大量摂取など、重大な問題が予想されます。

現代は「欲望」と「必要」を、しっかり区別しなければならない時代だと思います。

野菜好きにするには、野菜を育てることから。

東城百合子

野菜を食べない子どもには、野菜に親しみを持つことから始めてはどうでしょう。私が子どもを育てる時に心がけたのは、自然と仲良くなることでした。泥《どろ》んこになって遊ぶことはもちろん、一緒に土いじりをしてキュウリやナス、トマトなどの種をまいて育てました。すると、子どもは毎日観察して、「今日は葉が大きくなったよ」「こんなにツルが伸びてきたよ」と報告に来るようになりました。

実り始めると毎日なでていましたから、キュウリはイボがとれてツルツルになり、ナスやトマトはピカピカになってしまいました。

そうしたキュウリとトマトをもいでサラダにしたり、ナスのはさみ揚げにして食卓に出すと、目を輝かせて嬉《うれ》しそうに食べました。

都会の真ん中のマンション住まいでも、植木鉢やプランターがあれば種をまいて、野菜を育てる喜びを体験することができます。

レタスやパセリ、小松菜などは小さなプランター一つで簡単にできます。そうして親しんだ野菜なら、「きらい」とは言わないでしょう。

いつ芽が出るかと待つ楽しみ。黒い土から小さい緑の芽がそっと顔を出すのを見つける喜び。毎日の成長を見る喜び。野菜を育てることで得られるたくさんのことは、いのちを育てる不思議と喜びの体験です。是非、お子さんと共有してください。

食生活のルール 6

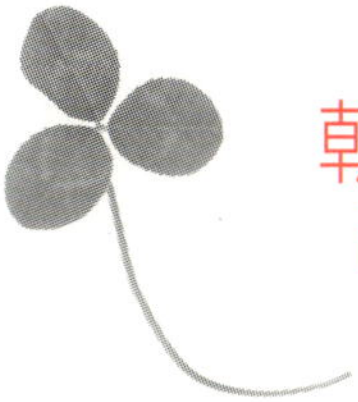

朝食は夜型生活の改善から始める。

東城百合子

朝食が食べられないのは朝だけに原因があるのではなく、生活のスタイルが夜型になっているという生活全体に問題があります。夜遅くまでテレビを見ていて、夕食をきちんと食べていても、スナック菓子をつまんだり、ジュースやコーラを飲んだりしていては翌朝は起きられず、朝食も食べられないという悪循環を生みます。そうした生活を見ないで「朝食をしっかり食べなさい」と言っても食欲は出ません。

自然のリズムが生活の中で回復すると、子どもは見違えるように生き生きして、朝もきちんと起きて、朝食も食べられるようになります。

成長期の子どもは3食しっかり食べるべきです。しかしその一方で忘れてほしくないのは、朝食は絶対に食べさせなければならないと思いこみすぎないことです。脅《おど》したりすかしたりして無理にでも食べさせようとしたり、子どもに迎合した料理をつくって食べさせようとせず、時には「食べられないなら食べなくてもかまわない、その代わり間食や夜食は絶対にしてはいけない」という生活のけじめを親がはっきりさせればいいのです。食べなかったり、文句を言うのであれば2、3日は食べなくても死にはしないと、思い切って片づけてしまうくらいの心づもりがなければ、子どもを健康には育てきれません。そして、そういう心意気は子どもに必ず伝わります。

無理に食べさせたり、偏食を叱る必要はありません。

幕内秀夫

日本中どこに行っても、お母さんは「いくら工夫をしても子どもが野菜を食べてくれない」「偏食《へんしょく》で困っている」と言います。そういうお母さんに「偏食で何が困っていますか？」と聞いてみると、お母さんがつくった料理を食べないだけで、ほかには格別困っていることはほとんどありません。

幼児期や小学校低学年の子どもは、ふりかけや納豆をかけてご飯ばかり食べていて、何かを残しているというのが普通です。しかも、だいたいはネギやピーマン、セロリ、シソ、ラッキョウなどを残し、ジャガイモ、サツマイモ、トウモロコシ、カボチャなどを好むケースが多いようです。

卵焼き、甘いお菓子類やジュース、アイスクリームなどが好きな場合も多いと思います。

つまり、個人差はありますが、子どもが好きな物は空腹を満たせる熱量（エネルギー）の高い食物だということです。それは偏食ではありません。もしかしたら、子どもの体が「小さな胃袋では熱量の高いものだけでいっぱいだよ」と訴えているのかもしれません。

もう一つ言えるのは、子どもが好きな食品は「でんぷん」を多く含んでいるということです。「水」と「でんぷん」さえ食べていれば、体に必要なものはある程度とれます。しかし、それだけでは十分ではないので、補うために副食が必要になります。

副食として野菜や魚介類を食べさせる努力は必要ですが、食べないからといって叱《しか》るのではなく、ご飯ばかり食べる子どもをほめてあげてください。

「でんぷん」であるご飯をしっかりとらなければ、その仲間の果糖や砂糖をとりたくなり、お菓子やジュースを欲しがるようになるからです。

幼児期に、お母さんがよそったご飯を残すと、たいがいのお母さんは「残さないで食べなさい」と叱ります。食べ物を大切にするという意味では叱ってもいいのですが、むきになって叱るほどのことではありません。

保育園や幼稚園でも、ほとんどの子どもが給食を残しているのを見るとわかるように、子どもは自分の体調と運動量から食べる量を自然に決めているのです。

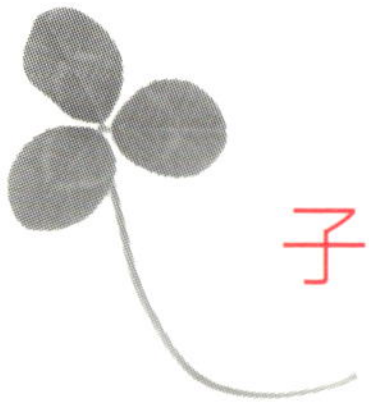

心のない食卓では子どもに心が伝わらない。

東城百合子

「子どもが野菜を食べたがらないので、代わりに果物を食べさせています」とよく聞きます。ミカンやメロンなどの柑橘《かんきつ》類やビワにもビタミンA、C、酵素は含まれていますが、大根葉や小松菜などの青い野菜の量にはかないません。また、果物はどれもカルシウムが少なく、ビタミンB_1もそれほど多くはありません。果物は決して色の濃い野菜や根菜類の代わりにはなりません。果物に高いお金を払うよりは、色の濃い野菜を食べる工夫をした方が賢《かしこ》いと思います。それに、いつまでも腐《くさ》らないバナナやグレープフルーツ、レモンなどは大量の防腐《ぼうふ》剤をかけて、外国から運ばれてくることも忘れてはいけません。

また、いつもレタスやキュウリ、トマトを切ってマヨネーズをかけるという家庭があります。こういった野菜は手間がかからないこともあって好まれているのでしょうが、子どもに本当に食べて欲しいのは、色の濃い野菜やごぼうやレンコンなどの根菜類です。

健康のために食べて欲しい食品はどれも手がかかります。でも、手がかかるから心がこもるということもあります。子どもは白紙の状態で生まれてきて、親の与えてくれる物しか食べられません。

毎日の食生活が子どもの体も心も育てます。心のない食卓では、子どもに心を伝えることはできないと思います。

両親の仲の良さは、
子どもをまっすぐに
成長させる最大の栄養です。

ルール⑨
お父さんとお母さんのルール

集団生活の二つの要素と、家庭の中の二つの愛。

波多野ミキ

集団生活の中で安定して楽しく過ごすためには、二つの要素が必要だと言われています。

一つはみんなと一緒にいたいという気持ち。もう一つは子どもが自分の支えになるものを持っていることです。「自分はこれだけはできる」というものを持っていると、それが支えになって友だちとうまくつきあえるようになります。反対に、そうした支えがないと負の方に走りがちです。たとえば、煙草《たばこ》を吸うというように禁止されていることをやることで、自信のなさを補完し、強がる方向に行くのです。

一方、家庭の中には二つの愛が必要だと言われています。一つは母性性に代表される「包み込む愛」です。「ありのままでいいのよ」と受け入れる、やすらぎやくつろぎを与える愛です。もう一つは、父性性に代表される規律、規則、義務、役割などを持ったきびしい「切り離す愛」です。

「包み込む愛」は家族みんなが仲良しで、弟がお兄ちゃんの自転車を黙って借りてケンカになっても「ごめんなさい」と言えば済むような関係です。一方、駅に置いてある自転車を勝手に持ってきたら、法律で処罰される泥棒になってしまいます。外の世界にはルールや法律があるからで、これを教えるのが「切り離す愛」です。

この二つをバランスを持って子どもに教えることが大切なのですが、それ以上に大切なのは、生まれてから幼児期には、まず母性性に基づいた「包み込む愛」が与えられ、親子の間で愛情と信頼に基づく結びつきをしっかりつくることです。

そして、幼児期を過ぎたあたりからは、父性性に基づく規律や義務などの「切り離す愛」を教えるのです。この順序が逆になって、幼児期に「ありのままのあなたが好きよ、そのままでいいのよ」という母性的な愛情がないままに育った子どもは、自己を肯定する力が失われてしまうのです。そればかりか、子どもが生きようとする力さえも失ってしまいます。

最近の子育ては、「包み込む愛」よりも「切り離す愛」が優先され、子どもをありのまま受け入れるという姿勢が欠如しているように思います。自分の子育てを振り返ってみて、もしも「包み込む愛」が十分でないと感じたら、今からでも母性的な愛情を注いであげてください。それは子どもの自己肯定感を育てることになります。愛情を注ぐのに遅すぎるということはありません。

母親のスキンシップは信頼と情緒、父親のスキンシップは社会性。

山口 創
Yamaguchi Hajime

十分にスキンシップをした子どもは、自分が十分に受け入れてもらったという基本的な信頼感があるので、ある年齢になると冒険したくなり、自然に親から離れていきます。ところが、スキンシップが足りなかった子どもは、いつまでもべたべた触《ふ》れてきます。

ただし、母親のスキンシップと父親のスキンシップは意味が違います。

母親のスキンシップは、赤ちゃんを受け入れるという受容性の意味があります。自分を受け入れてもらっているという感覚を持った赤ちゃんは、将来も情緒的に安定していけるわけです。赤ちゃんにとって最初の他者である母親から温《あたた》かく受け入れられることで、「人というのは信頼できる」という思いを得られるのでしょう。一方、父親とのスキンシップは、人と協調しながら自分を出したり引っ込めたりするような、社会性を伸ばすと考えられます。

つまり、母親のスキンシップは人への信頼を養い、情緒の安定をうながし、父親のスキンシップは社会性を養う傾向があるのです。子どもの心がバランスよく成長するには、母親と父親の両方のスキンシップが必要なのです。

この違いは母親と父親の子どもへの接し方からもたらされるようで

す。一般的に、母親は抱《だ》っこや添《そ》い寝、授乳をしますが、父親は一緒に遊んだり、お風呂に入れたりというように、どちらかといえばコミュニケーションに重きをおいたスキンシップが多くなっています。

赤ちゃんにとって父親とのスキンシップは、母親ほどには心地よくないと思います。しかし、いろいろな人に触れられることで、社会に出ていくための下地が養われるのです。

子どもの日常生活の中に お父さんが普通にいること。

吉良 創

休日に家にいるとなんとなく居心地《いごこち》が悪く、子どもにもどう接していいかわからない、というお父さんは案外多いようです。平日の母子での日常の生活の中に、お父さんは自分の居場所を見つけられないように感じてしまい、ゴルフの打ちっぱなしに行ったり、本屋に出かけたり、と家の外に向かってしまいがちです。あるいは、家族を引き連れて、買い物にでも行こうか、ということになります。

平日に家族と一緒に過ごす時間が少ない分、家族のために何かしたい、何かしなければ、という思いも、家族をショッピングセンターやテーマパークなどに連れ出す「家庭サービス」になってしまいます。

お父さんが、特別なことをしていなくても、当たり前に家にいる、ということがとても大切だと思います。家族の生活にとって当たり前のことを家でしているお父さんです。

庭の掃除《そうじ》をしたり、台所で料理に腕をふるったり、壊《こわ》れたところを修理したり、自動車を洗ったり。そのようなことを普通に楽しそうに行っているお父さんの姿を見た子どもは、お父さんの傍《かたわ》らにやってきて「いっしょにしたい！」と言ってくるでしょう。幼児の持つ模倣衝《もほうしょう》動《どう》が楽しそうに家のことをしているお父さんへ向かうのです。

庭で野菜をつくったり、パンを焼く、蕎麦《そば》打ちをする。「子どもの頃、お父さんはこんなものをつくって遊んだんだよ」とおもちゃをつくってあげる。縄跳《なわと》びや竹馬《たけうま》などを一緒にやるのもいいでしょう。お父さんが普通にできることの中に、子どもと楽しく一緒にできることが、たくさん見つかるはずです。

しかし、子どもと一緒に何かをする時には、完璧《かんぺき》さを求める必要はありません。「ああ、おいしい」と一緒に食べる、「ああおもしろかった」と笑いあう、そんなことが大切なのです。普通の暮らしの中にある何気ないことをお父さんと一緒にすることは、子どもにとってとても素晴らしい体験なのです。

お父さんと一緒にできそうなことを挙げてきましたが、これらはもちろん、お母さんができることでもあります。家事の仕事を真似することによって、子どもたちは人間の根源的な営みを体験し、身につけていきます。お父さんだから、お母さんだからと分けることはいらないのかもしれません。一人の人間の子どもに対して、一人の人間の大人が向かい合う。この場合、男女は関係ありません。現代社会では母子家庭、父子家庭も多いですが、お母さんとして、あるいはお父さんとして、というよりも、一人の親として自分の子どもに向かい合うというスタンスが大切なのではないかと思います。

夫婦が互いを尊重していると、想いは自然に伝わります。

佐々木正美

夫が妻に、妻が夫に不満が大きければ大きいほど、そのはけ口は生活全般に向かいます。当然、育児にも向かいます。親は自らの感情を子どもへの要求や期待としてぶつけることが多くなり、子どもは親に対するある種の信頼感を損《そこ》なっていきます。そうなればなるほど、子どもは親の期待通りの行動をとりにくくなっていき、屈折《くっせつ》します。そして、父親が子どもに要求していること、母親が要求していることがだんだん見えなくなるため、親は子どもにさらに強く要求を押しつける形になってしまいます。

私は、育児の原則はまず子どもの要求に応えてあげることで、親の教育観や育児姿勢はその後にくるものだと思っています。ですから、子どもの要求に基本的なところで応えられていない時には、親の希望や育児理念、哲学や方針は子どもに伝わりません。それなのに、親は自分の要求を子どもにするので、余計にいらだつことになってしまいます。

ところが、不思議なことですが、夫婦がお互いを大切にしあっている、大げさにいうとお互いを尊重し合い、共感し合っていると、子どもの要望に上手に添《そ》った育児ができるのです。しかも、夫婦それぞれの個性や能力や素質のままに、自然にお母さんはお母さんらしく、お父さんはお父さんらしくなり、「母性的」「父性的」と呼びたいものが出てきます。

父親も母親も子どもが望んでいることはどういうことか、ということを感じ、それに応えてあげる。すると子ども自身が父親にはこうして欲しい、母親にはこうして欲しいと選びます。

おうかがい症候群になっていませんか？

青山 繁
Aoyama Shigeru

子どもの具合が悪ったり、病《や》み上がりであきらかに休息する必要があるのに「子どもがどうしても行きたいと言うから」と連れ出す親がいます。

塾などの教育現場の選択においても「どう？　ここにする？　気に入った？　どうする？」

「子どもが気に入ったと言っているのでここに決めます」と言うので、「ご両親はどうですか？」と尋《たず》ねると、「決定は子どもに委《ゆだ》ねていますし、何よりも子どもが気に入らないとね」と言われることがあります。

遊びに夢中になっている子どもに「買い物に行くけど一緒に行く？」「行かない」。しばらくして「何で連れて行ってくれなかったの？」「だって、行かないと言ったでしょ」

私はこうした親の対応を「おうかがい症候群」と呼んでいます。「おうかがい症候群」の都合のよいところは、失敗の結果になった場合に親が自分の責任から逃れられることです。

添加物たっぷりの派手なお菓子と地味なお菓子。プラスチックの派手なおもちゃと木のおもちゃ。アニメの遊具たっぷりの施設と野山や草原。おうかがいをたてると、子どもは刺激的な前者を選ぶ傾向があります。

本当の愛で叱《しか》られたり、人生の羅針盤《らしんばん》を示されたり、注意をされたりすることなく、おうかがいをたてられて育った子どもが思春期になり、たくさんの価値に遭遇《そうぐう》して迷った時、自暴自棄《じぼうじき》になった時、「小さい時からあなたの望む事は、なんでもしてきてあげたじゃない」と悩む両親の存在が浮かび上がります。

物事の真理、価値、神髄《しんずい》、尺度《しゃくど》は幼児にはそなわっておらず、これらを備えていくことは大人のつとめです。

それ以前に、親は子どもを導く存在として、自分の価値観を形成していく必要があると思います。

人間らしく生きている親が子どもは大好きです。

波多野ミキ

多くのお母さんが、子どもの手がかからなくなったら「あれやこれをしたいな」と思っています。しかし、子どもが大きくなったら、暇《ひま》ができたらと思っていると、いつまでたってもできません。暇がなくても、子どもが小さくても、何かをちょっとずつやり始めるといいと思います。子育てをしている時は忙しいから、なかなか時間がとれませんが、一日に5分でも10分でもいいから、自分自身の中にある興味の芽を育てていくことが大切だと思います。

子どもだけに自分の全人生をかけるのではなく、何か自分自身の生きがいになるものを持つことは、本人にとってだけでなく子どもにとっても大切です。

子育てが生きがいだと思っている親の子どもは、小さい時はよくても、ある程度大きくなってくると息苦しさを感じるようになります。相互依存が過ぎてしまうと、子離れができなくなって、子どもを苦しめることになりかねません。

子どもが小学生になると、親はよく「勉強しなさい」と言いますが、その時に、親も何かに打ち込んでいるという姿を見せることはいいことです。そのためには子どもが小さいうちから、何かを育てていくことが大切なのです。子育て真っ最中のお母さんは、「とてもそんなことは無理、無理」と思うでしょうが、どこかで何かすること、自分は何ができるかな、将来どんなふうに生きたらいいだろう、ということは少しでいいから考えていて欲しいと思います。

親が生き生きと生きている姿を見ることは、子どもにとって嬉《うれ》しいことです。人間らしく生きている親を子どもは必ず好きになります。

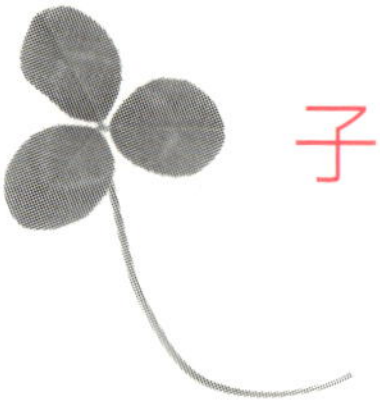

子どもはまわりの世界を信頼しています。

高橋弘子

子どもは、その基本的な感情として、まわりの世界を信頼しています。大人はその信頼を裏切らないようにしなければなりません。

幼児の前でお父さんの悪口を言ったり、幼稚園や保育園の先生の悪口を言ったりすることは、子どもが信頼している世界を揺《ゆ》るがすことになります。

子どもが信頼している世界については、せめて子どもの前だけでもいいですから否定しないようにすれば、子どもは世界に対する信頼感を持つことができると思います。

このことは、悪いものがあることを教えないで、過保護的に育てるということではありません。

まだ弱い自我しか持たない幼児には、朝顔のツルと同じように支柱が必要だということです。悪について学ぶのはもっと大きくなってからで十分です。

「とっておきの言葉」を寄せてくれた方々（アイウエオ順）

●青山　繁（あおやま しげる）
1956年、長野県生まれ。26歳で保育、幼稚園免許取得後、3年間東京都内にて保育園勤務。その後、長野市内で2年間保育園勤務後、故郷の三水村で3年間、自力で山を切り開き、園舎を建設。92年に幼児教室「大地」を開園。現在、NPO法人「大地」理事長。

●内田幸一（うちだ こういち）
1953年東京生まれ。和光大学教育人間学科卒業後、東京都渋谷区の幼稚園で4年間保育者として勤務。82年長野県飯綱高原に引っ越し、翌83年4月より6人の子どもたちと一緒に「子どもの森幼児教室」を始める。自然と子どものつながりを基本に体験を重視する保育を実践する。2005年、学校法人いいづな学園「こどもの森幼稚園」「グリーン・ヒルズ小学校」を創設。2007年学園理事長などの職を辞して、現在は30年の活動経験を生かして幼少期の自然体験活動の普及推進や子育て支援に関する講演、指導者養成活動などに力を注いでいる。

●内田良子（うちだ りょうこ）
1942年生まれ。心理カウンセラー。73年より東京都内数ヶ所の保健所にて相談活動を続け、2000年まで中野区の佼成病院心理室に勤務。98年から「子ども相談室・モモの部屋」を主宰し、登校拒否、不登校、非行、ひきこもりなどのグループ相談会を開いている。NHKラジオの電話相談「子どもの心相談」アドバイザーとしても活躍中。著書に『カウンセラー良子さんの幼い子のくらしとこころQ&A』ジャパンマシニスト社、などがある。

●内海裕美（うつみ ひろみ）
小児科医。東京都生まれ。東京女子医科大学卒業後、同大学病院小児科学教室に入局。97年、父のあとを継いで吉村小児科院長に。専門は小児発達、小児保健。子育て発達セミナーなど、地元の子どものことは何でも引き受ける相談所的な診療所であることを心がけている。日本小児科医会常任理事。

●大澤　博（おおさわ ひろし）
1928年群馬県出身。岩手大学名誉教授。心理栄養学のパイオニア。非行少年や不登校児とのカウンセリングに従事し、80年代より心の荒れと食事との関係に注目。現在も研究を続ける。著書に『その食事では悪くなる』『食事で治す心の病』『食事崩壊と心の病』三五館、など。訳書に『統合失調症を治す』など。

●大住祐子（おおすみ ゆうこ）
聖路加看護大学卒業後、小児専門病院に勤務、その後健康管理の仕事に就く。1985年より2人の子どもとともにドイツに留学し、シュバルツバルトの病院でシュタイナーの考え方に基づく医療と看護を学ぶ。帰国後、保健師、カウンセラーとして産業看護に携わる。2003年より長野県に移り、農業をしながら自然の中での暮らしを始める。また、2002年4月に立ち上げた「医療研究会」でシュタイナー思想をもとにした病気と健康について全国の医療従事者と学び続けている。著者の『シュタイナーに〈看護〉を学ぶ』春秋社、がある。

●陰山英男（かげやま ひでお）
京都府立命館小学校副校長。１９５８年兵庫県生まれ。80年岡山大学法学部卒業。82年、校内暴力が最も激しい時期に尼崎市で教師生活を始める。89年から兵庫県朝来町立山口小学校に着任。直後より、同僚教諭と共に音読、百ます計算など「読み書き計算」の徹底した反復練習による学力向上に取り組み、一躍「陰山メソッド」として有名になる。広島県土堂小学校校長を経て、２００６年4月より現職。著書は『本当の学力をつける本』『学力低下を克服する本』文藝春秋、『陰山英男の「校長日記」』小学館、など多数。

●吉良 創（きら はじめ）
１９６２年東京生まれ。自由学園卒業。88年から92年までドイツに留学、ヴィッテンのヴァルドルフ幼稚園教師養成ゼミナール修了後、シュタイナー教育の音楽教育、マンネマリー・ローリングのもとでライアー演奏を学ぶ。95年の南沢シュタイナー子ども園開園時よりクラス担任を続ける一方、ライアーの指導・演奏も行っている。著書に『シュタイナー教育 おもちゃと遊び』『シュタイナー教育の音と音楽 静けさのおおいの中で』『シュタイナー教育のまなざし』学研、がある。

●神山 潤（こうやま じゅん）
１９５６年東京都出身。小児科医。東京北社会保険病院副院長。東京医科歯科大学医学部卒業後、病院勤務を経て92年から同大学小児科助手、その間95年から98年にはＵＣＬＡに留学し、２０００年より東京医科歯科大学助教授、２００４年4月から現職。専門は臨床睡眠医学。著者に『眠りを奪われた子どもたち』岩波ブックレット、『子どもの睡眠——眠りは脳と心の栄養』芽ばえ社、など。近著に『「夜ふかし」の脳科学』中公新書ラクレ、がある。

●小西行郎（こにし ゆくお）
１９４７年香川県生まれ。主な研究分野は新生児の脳機能画像、新生児・乳幼児の発達行動学。福井医科大学小児科助教授、オランダ・フローニンゲン大学に留学、埼玉医科大学教授を経て、現在、東京女子医科大学乳児行動発達学教授、日本赤ちゃん学会理事長。文部科学省の「脳科学と教育」プロジェクトにも携わる。著書に『赤ちゃんと脳科学』集英社新書、『赤ちゃんのしぐさＢＯＯＫ』『赤ちゃんの遊びＢＯＯＫ』『赤ちゃんのからだＢＯＯＫ』海竜社、『知れば楽しいおもしろい赤ちゃん学的保育入門』フレーベル館、などがある。

●佐々木正美（ささき まさみ）
１９３５年群馬県生まれ。児童青年精神科医。川崎医療福祉大学特任教授。30年以上にわたり、地域療育センター、保育園、幼稚園、学校、児童相談所、児童養護施設、保健所などで臨床にたずさわる。また、保育園の保育士や保護者たちとも勉強会を継続している。自閉症に優しい環境作りなど、一貫して現場での活動が顕彰されて、糸賀一雄記念賞、保健文化賞、朝日社会福祉賞などを受賞した。著書に『子どもへのまなざし正・続』福音刊書店、『過保護のススメ』小学館、『子どもの成長に飛び級はない』学研、などがある。

●汐見稔幸（しおみ としゆき）
白梅学園大学学長。専門は教育学、教育人間学、育児学。育児学や保育学を総合的な人間学と考えていて、ここに少しでも学問の光を注ぎたいと願っている。また、教育学を出産、育児を含んだ人間形成の学として位置づけたいと思い、その体系化を与えられた課題と考えている。3人の子どもの育児にかかわった体験から父親の育児参加を呼びかける。保育者たちと臨床育児・保育研究会を立ち上げ定例の研究会を続けている。同会発行の保育雑誌『エデュカーレ』の責任編集者でもある。著者は『子どものサインが読めますか』女子パウロ会、『「格差社会」を乗り越える子どもの育て方』主婦の友社、『乳児保育の基本』フレーベル館、『子どもの学力の基本は好奇心です』旬報社、など多数。

●菅原里香（すがわら りか）
秋田県で生まれ、神奈川県で育つ。幼稚園の時から先生に憧れ、横浜女子短大を卒業。1983年より「咸有一徳（人間はだれでも必ず良いところを持っている）」を教育理念として、あそびを中心に子どもの成長を助ける「こすもす幼稚園」（神奈川県横浜市）に勤務している。

●高久和子（たかく かずこ）
栃木県生まれ。東京家政短期大学保育科を卒業後、私立幼稚園に勤めるが結婚を機に退職。男女2人の子育てが終わった時期にシュタイナー教育に出合い学び始める。2001年、シュタイナー幼児教育養成コースを終了し、02年より埼玉県さいたま市（現）郊外の春岡シュタイナー子ども園の教師になる。

●高草木 護（たかくさき まもる）
1954年群馬県生まれ。群馬大学医学部卒業。小児科医として6年間、内科医として5年学んだ後、ドイツへ留学してシュタイナー医療を学ぶ。また、独学で東洋医学を学ぶ。元明海大学付属病院東洋医学医師、元群馬大学教育学部非常勤講師。

●高木紀子（たかぎ のりこ）
臨床心理士。東京女子大学講師。東京都台東区で1歳半健診、3歳健診を担当のほか、国分寺市の教育相談室などで多くのお母さん方と接して親身に相談にのったり、保育園の巡回相談などを行う。白百合女子大では学生相談も行っている。3人の子育て中。

●高橋弘子（たかはし ひろこ）
1957年に初めてドイツに渡った際に、ルドルフ・シュタイナー本人に教えを受けた弟子たちから直接シュタイナーの人柄や思想を聞き、強い影響を受け、ミュンヘン大学などで学び、帰国後の71年にルドルフ・シュタイナー研究所を設立。77年、那須みふじ幼稚園を開設し園長として幼児教育に従事。89年に日本で初めてシュタイナー幼稚園としてドイツのシュタイナー幼稚園国際連盟から公認される。現在は園長を辞し、鎌倉でルドルフ・シュタイナー研究所を続ける。著書に『日本のシュタイナー幼稚園』、訳書にシュタイナーの『メルヘン論』水声社 など多数。

●東城百合子（とうじょう ゆりこ）
自然食、自然療法研究家。岩手県生まれ。1945年、栄養学の草分けである佐伯矩《ただす》博士に師事し、栄養士となる。国際栄養研究所長・W．H．ミラー氏にも師事。1949年、玄米自然食と自然療法によって重症の肺結核を克服。以降、食の改革を通して自然に帰ろうとする健康運動に力を注ぐ。1

973年月刊誌「あなたと健康」を創刊。『心を育てる子どもの健康食』『食卓からの子育て』池田書店、など多数の著書がある。

●西川隆範（にしかわ りゅうはん）

1953年京都生まれ。ベルン・シュタイナー幼稚園教員養成所講師を経て、多摩美術大学講師、自主学校〈遊〉高等部講師。著訳書に『人間理解からの教育』筑摩書房、『こころの育て方』河出書房新社、『人間の四つの気質』『シュタイナー用語辞典』『シュタイナー教育ハンドブック』風濤社、『子どもの健全な成長』『教育の方法』『精神医学による教育の改新』『子どもの体と心の成長』イザラ書房、ほか多数。

●西原克成（にしはら かつなり）

西原研究所所長。1971年、東京大学大学院医学系博士課程修了。医学博士。生命進化の法則を実験で検証するとともに、その成果を臨床応用し、免疫病の治療に大きな成果をあげる。人工骨髄と人工歯根の開発でも世界的に有名。著書は『究極の免疫力』講談社インターナショナル、『アレルギー体質は口呼吸が原因だった』青春出版社、ほか多数。

●波多野ミキ（はたの みき）

社会福祉法人・日本家庭福祉会理事長、同カウンセラー。「母親は子どもにとって最初の先生」であるという立場から子育てやしつけを提唱。東京都目白の波多野ファミリスクールでは自然に学ぶ育児講座などを開いている。著書に『こどもが一週間で変わる親の「この一言」』三笠書房、などがある。

●堀内節子（ほりうち せつこ）

豊橋にじの森幼稚園前園長。小学校教諭を経て1975年、愛知県豊橋市に、にじの森幼稚園を開園。同時期に、シュタイナーの思想と教育に出会い、シュタイナー教育を取り入れた幼児教育の実践を展開。日本の行事に関する祝祭の精神をシュタイナー思想の観点から考察し、研究している。また、昔話や神話の研究にも取り組んでいる。各地で幼児教育講座を開催。著者に『0～7歳までのシュタイナー教育』学研、などがある。

●正高信男（まさたか のぶお）

1954年、大阪生まれ。専攻は比較行動学。アメリカ国立衛生研究所客員研究員、ドイツ・マックスプランク精神医学研究所研究員、京都大学霊長類研究所助手、東京大学理学部人類学教室助手を経て、現在、京都大学霊長類研究所教授。著者に『ケータイを持ったサル』『子どもはことばをからだで覚える』中公新書、『0歳からの子育ての技術』『赤ちゃん誕生の科学』PHP新書、『天才はなぜ生まれるか』ちくま新書、「ヒトはなぜヒトをいじめるのか」講談社ブルーバックス、など多数。

●真弓定夫（まゆみ さだお）

1931年東京都出身。東京医科歯科大学を卒業。西東京市の佐々病院小児科医長を経て、1974年、東京都武蔵野市吉祥寺に真弓小児科医院を開設。自然流子育てを提唱し、毎日子どもを診察しながら、講演のため全国各地に出かけている。主著に『自然流育児のすすめ』『自然流生活のすすめ』『自然流食育のすすめ』地湧社、『病気知らずの自然流育児』『自然流育児教室』中央アート出版社、『医者の門をたたく前に』芽ばえ社、などがある。

●幕内秀夫（まくうち ひでお）

1953年、茨城県生まれ。管理栄養士。学校給食と子どもの健康を考える会代表。山梨県の長寿村を知って以来、伝統食と民間食養法の研究を行い、日本列島を歩いての縦断や横断、また四国横断、能登半島一周などを重ねた末に「FOODは風土」を提唱。帯津三敬病院、松柏堂医院などにおいて食事相談を担当。著書は『粗食のすすめ』東洋経済新報社、共著に『子どもが幸せになる6つの習慣』ほんの木、など多数。

●毛利子来（もうり たねき）

小児科医。1929年千葉県生まれ。毛利医院医師。東京の原宿で医院を開業するかたわら、子育てについての著作や講演を行い、〝タヌキ先生〟の愛称で親しまれている。『新エミール』『いま、子を育てること』ちくま文庫、『赤ちゃんのいる暮らし』『幼い子のいる暮らし』筑摩書房、『生きにくさの抜け道』岩波書店、『子育ての迷い解決法、10の知恵』集英社、『父親だからできること』ダイヤモンド社、など多くの著作がある。

●森田ゆり（もりた ゆり）

エンパワメント・センター主宰。北米に21年間在住し、子どもの虐待、性暴力、家庭内暴力防止に関わる専門職の養成に携わる。1990年から7年間、カリフォルニア大学で差別問題、セクシュアル・ハラスメントなどの人権問題のセミナーを指導する。97年に日本でエンパワメント・センターを設立し、行政、企業、民間団体の依頼でセクシュアルハラスメント、子ども・女性への暴力、人権問題などをテーマに研修活動を行っている。著書には『しつけと体罰』童話館出版、『子どもと暴力』岩波書店、『あなたが守るあなたの心、あなたのからだ』童話館出版（産経児童文化賞受賞）ほか多数。

●森 昭雄（もり あきお）

北海道出身。専門は脳神経科学。医学博士。カナダクウィーンズ大学客員教授を経て、現在、日本大学教授、日本大学大学院教授。日本大学医学部講師。これまで脳内の体性感覚野と運動野の神経回路をニューロンレベルで研究し、現在は高齢者の痴呆や情報機器が脳に及ぼす影響についての研究も行っている。著書に『ゲーム脳の恐怖』NHK・生活人新書、『ITに殺される子どもたち 蔓延するゲーム脳』講談社、『「脳力」低下社会』PHP、などがある。

●山口 創（やまぐち はじめ）

1967年生まれ。専攻は臨床心理学、身体心理学。早稲田大学大学院人間科学研究科終了。博士（人間科学）、臨床発達心理士。聖徳大学講師を経て、現在、桜美林大学准教授。著書に『愛撫・人の心に触れる力』NHKブックス、『子供の「脳」は肌にある』光文社新書、『皮膚感覚の不思議』講談社ブルーバックス、などがある。

子どもの未来とお母さんシリーズ①

子育てがうまくいく、とっておきの言葉

ほんの木 編

2008年 8 月 5 日 第 1 刷発行

企画・制作●（株）パンクリエイティブ
プロデュース●柴田敬三
編集●戸矢晃一
発行人●高橋利直
総務●小倉秀夫
営業・広報●岡田直子、丸山弘志
営業●野洋介
発売●ほんの木
〒101-0054 東京都千代田区神田錦町 3-21　三錦ビル
Tel.03-3291-3011　Fax.03-3291-3030
http://www.honnoki.co.jp/
E-mail　info@honnoki.co.jp

INBN-978-4-7752-0063-6
郵便振替口座　00120-4-251523
加入者名　ほんの木
印刷所　中央精版印刷株式会社

0〜9歳児を持つお母さん・お父さんに人気の、子育て応援ブック

子どもたちの幸せな未来シリーズ

すべての子どもたちが「生まれてきてよかった」と思える未来を！
小児科医や児童精神科医、保育士、栄養士など子どもの専門家たちが各号登場、体と心の成長、食や生活習慣、しつけや遊びなど、子どもの幸せな成長・発達のために大切なこと、知っておきたいことを毎号特集した本のシリーズ。

第1期 シュタイナーと自然流育児

❶〜❻号（1期）6冊セット

B5サイズ・64ページ

定価8,400円（税込）➡セット販売価格 **8,000円**（税込）

創刊号から6号までの6冊セット。シュタイナー教育と自然流子育てを2本の軸に、幼児教育、健康、食事、性教育、防犯や危機対策、親と子のストレス、しつけなどについて考える。

❶もっと知りたいシュタイナー幼児教育
❷育児、子育て、自然流って何だろう？
❸どうしてますか？ 子どもの性教育
❹子どもたちを不慮のケガ・事故から守る
❺子どものストレス、親のストレス
❻子どもの心を本当に育てるしつけと叱り方

第2期 心と体を育てる、幼児期の大切なこと

❼〜⓬号（2期）6冊セット

B5サイズ・64ページ

定価8,400円（税込）➡セット販売価格 **8,000円**（税込）

第2期の7号〜12号までの6冊セット。子どもの心と体を健やかに育てる食、絵本や読み聞かせ、シュタイナーの芸術、年齢別子どもの成長とポイントなど、0歳〜9歳の子育てに役立つ情報満載。

❼心と体を健やかに育てる食事
❽お話、絵本、読み聞かせ
❾シュタイナー教育に学ぶ、子どものこころの育て方
❿子育てこれだけは知りたい聞きたい
⓫子どもの感受性を育てるシュタイナーの芸術体験
⓬年齢別子育て・育児、なるほど知恵袋

1号〜12号まで、各1冊からでもお求めいただけます。各号定価1400円（税込）送料無料

第3期 心と体、考える力をバランスよく育む

❶ 共働きの子育て、父親の子育て
ほんの木編　1575円（税込）

共働き、シングルマザー…家庭の事情にあわせて気を付けること、知っておきたいこと。

❷ 子どもの健康と食からの子育て
ほんの木編　1575円（税込）

「元気な体」と「やわらなか心」をつくる、食と生活習慣についての特集。

❸ 子どもの心と脳が危ない！
ほんの木編　1575円（税込）

テレビ・ゲームをやめると、子どもが見える！子どもたちをゲーム脳から救いましょう。

❹ 子どもを伸ばす家庭のルール
ほんの木編　1575円（税込）

早寝早起き、朝ご飯…子どもの体力、気力、知力を育てるのは当たり前の積み重ね。

❺ 早期教育と学力、才能を考える
ほんの木編　1575円（税込）

才能って何？　早期教育は必要？　幼児期の子どもに本当に必要なことを考える。

❻ 免疫力を高めて子どもの心と体を守る
ほんの木編　1575円（税込）

子どもの体が年々弱っている？！　正しい呼吸、睡眠、食事etc…で免疫力を高める特集。

第4期 テーマ別特集＆とっておきの子育ての知恵

❶ 子どもが幸せになる6つの習慣
ほんの木編　1575円（税込）

食育、体、脳など18人の子どもの専門家が教える、幼児期に特に大切な6つの習慣。

❷ 幸せな子育てを見つける本
はせくらみゆき著　1575円（税込）

親も子ものびのび、生き生き変わるスローな子育てヒント集。すぐ使えるアイデア満載！

❸ 心に届く「しつけと愛の伝え方」
ほんの木編　1575円（税込）

子どもの心に本当に伝わるほめ方、叱り方。年齢に合わせた大切な子育てのバイブル。

❹ 子どもが輝く幸せな子育て
藤村亜紀著　1575円（税込）

元保育士で現在2児の親である著者が愛とユーモアたっぷりに綴るお母さん応援本。

❺ 親だからできる5つの家庭教育
ほんの木編　1575円（税込）

食品汚染、性教育、早期教育やメディア汚染…社会の危機から子どもを守るのは家庭です。

❻ 子どもが変わる魔法のおはなし
大村祐子著　1575円（税込）

叱るかわりに、おはなしをしてみませんか？年齢別・場面別のおはなしから作り方まで。

第3期・第4期　各6冊セット特価8000円（税込）送料無料
※1冊からバラでもご注文を承ります。1260円（税込）以上のご注文は送料無料でお届けします。

【お問い合せ】ほんの木　TEL.03-3291-3011 FAX.03-3291-3030